国境廃絶論
入管化する社会と希望の方法

グレイシー・メイ・ブラッドリー
ルーク・デ・ノローニャ
梁英聖／柏崎正憲 訳

岩波書店

AGAINST BORDERS
The Case for Abolition

by Gracie Mae Bradley and Luke de Noronha

First published 2022 by Verso, London.

This Japanese edition published 2025
by Iwanami Shoten, Publishers, Tokyo
by arrangement with Verso Books, London
through The English Agency (Japan) Ltd., Tokyo.

凡　例

一、訳者による補足はすべて〔　〕による。引用文内の［　］は原著者による補足である。

一、引用文献のうち、翻訳があるものについては可能な限り参照したが、一部参照できなかったものがある。参照したもののうち訳を訂正したものもある。また原文の明らかな誤植についても訂正した。

一、URLは全て訳者が二〇二四年六月二六日現在有効である旨確認し、同日現在で参照文献が表示されなかったものについてのみ原注末に〔リンク切れ〕と付記した。

一、各章内の節ごとに原著には無い番号を振った。第三章の第2節では一部段落を分けたところがある。

一、固有名詞であることが分かりづらい語には「　」を付した箇所がある(例：「黄色いベスト運動」)。

一、border は「国境」と訳す。なお本書において国境とは、地理的な意味での国境だけを指すのではなく、その内側であろうと外側であろうと、日常生活で人々が富や権利にアクセスすることを許可したり拒否することで、人々を分断し差別をつくりだすものとして定義されていることに注意されたい。詳細は本書「日本の読者のための解題」を参照。

一、citizen は「市民」、immigrant/migrant は「移民」と訳す。citizenship は「シティズンシップ」とカナ表記するか「市民権」と訳す。本書で市民は原則として近代国家の構成員を、市民権は法的地位としての国家構成員資格を指す。ゆえに本書での市民の対義語は non-citizen つまり、非市民であって、国外の出身であることを意味する移民では必ずしもないことに注意されたい。

目次

序章

1　常識《コモンセンス》という名の国境

国境《ボーダー》は一体どんなことをしているのだろうか。型通りの説明によれば、次のようになる。国境はある国がどこで終わり、どこから別の国になるのかを定めている。国境は地図上の線であるが、永続的で、在るのが当たり前のものとみなされる。国境はある国の領土の輪郭を線で示し、人とモノとが出入りする動きに介在する。国境は禁じられたものが内に入らないようにする。未申告のお金、生きた動物、侵略的外来植物、病気や麻薬、そしてもちろん入国許可のない人をも締め出しているのである。

グローバル・ノースに暮らす裕福な人たちにとって、国境を越えるのは比較的簡単だ。離れていた家族と温かな抱擁を交わすことや、休暇のくつろぎを楽しむことの前には、X線手荷物検査装置や入国審査といった短時間の不愉快があるのみだ。旅客は法に従順であり、所持品検査とX線全身スキャンを受け入れる。隠すことなど何もないと信じている。それどころか、管理と秩序と安全《セイフティ》への欲望を旅客もまた共有しているからだ。

まさしくこのような管理と治安《セキュリティ》に対する欲望こそ、広い意味合いでの入管〔⇩用語集〕の政治学を――つまり入国検査を受けず歯止めも利かない移民の流入は危険であると憤慨するメディアの見出しや政治家の発言を――特徴づけているのである。

国境はどうやら侵犯されてばかりいるようである。かくして浸水の隠喩の登場となる――移民の「大洪水」や「大波」がやってくるだとか、移民が「氾濫」しているなどと言われる――これより酷い表現は移民を動物扱いした「〔うじゃうじゃの〕群れ《スウォーム》」という言い方ぐらいしか思い当たらない。注目が集まるとき、移民は通常、最大限に脅しを効かせた諸々の特徴が並ぶ陳列棚のように扱われてしまう。移民の到来と定住《セトルメント》がもたらすのは――それはあまりにも多く、あまりにも急速で、しかも悪いタイプの到来と定住なのだが――、リスク、不安、そして国家《ネイション》の衰退だけだとみなされる。

このような文脈のなかでは、国境を強化するために、政府はやむを得ず資源の割り当てを増やしつづけ、また適用すべきテクノロジーをより洗練させつづけているようにみえる。近年みられる数々の右翼政権の台頭に伴い、国境の壁、カミソリワイヤーつきのフェンス、海上の浮遊バリア、砂漠や海洋を横断する移民を監視するドローンが増殖をみせ、ヨーロッパの様々な国境での押し返し《プッシュバック》〔移民や難民による上陸や越境を当局が強制的に阻止すること〕が激増し、さらには難民申請者を〔入国させないように〕海外の収容キャンプで審査するようになった。このような暴力的で見世物的な国境化《ボーダーリング》をますます強めていく事態は、レイシスト的でナショナリスト的な数々の右翼政権が今という歴史的瞬間において優勢になっていることと密接に結びついている[1]。

しかし以上のことは右派の側だけの問題ではない。政治的立場の左右を問わずあちこちから、国境は理にかなっているし必要だという声があがる。多くの政党や労働組合でさえ次のように論じる。国境は、移民労働力が過剰に流入するせいで引き起こされる賃金の低下から労働者階級を保護し、住宅供給や公共サービスにのしかかる負担を軽減し、さらには移民受入れ社会の「生活様式」と「国民文化」を保全するのだ、と。さらにまた、国境は斡旋業者による密入国と性的な人身取引を撲滅し、最も才能にあふれた価値ある個人が貧しい自国を見捨てて出国するのを防止する、との声もある。ところでこれらの説明のすべてにおいて、移動する人々は、統計や労働の部品や人種的バイアスのかかった脅威、あるいは法的カテゴリーや惨めな犠牲者に還元されている。移動する人々の人間性は拭い去られてしまうのだ。かくして移民たちが移住しようという決心へと駆り立てられるのは、舞台の背景に吊り下げられた「プッシュ要因」(移住の原因を貧困や失業などの送出し国の押し出し要因と、高賃金や就職先などの受入れ国の吸引要因との合力で説明するプッシュ・プル理論の用語)のせいにされる。このプッシュ要因とやらは、戦争や迫害や生態系の崩壊が放つ、いわば瘴気《しょうき》のようなものであり、おまけにグローバル・ノース諸国の行動や歴史からは切り離されているのだ。

これが問題であることの一因は、グローバルな国民国家システムの存在がただ単に当然視されているところにある。あたかも様々な国の存在と国どうしの不平等とが、自然かつ永続的であるかのように思われているのだ。シティズンシップ――個々人を数ある国家のいずれかに割り当てる政治的/法的システム――は誰にも疑問をもたれずに通用している。それどころか、シティズンシップは普遍的な善だと、政治的包摂と主体性のしるしだとみなされている。それぞれの個人は「自国」においては市民《シティズン》であり、文化的にも社会的にも濃密な紐帯をそれに有しているがゆえに「自国」に帰属しているのだと想定される。このような文脈のなかでこそ入国管理は、査証、旅券、国境検査、そして国家間協定などのような官僚的装置をつうじて、国民どうしの間に首尾一貫して存在する法的でも空間的でもあるような区別に、ただ強制力《エンフォース》を与えているだけのようにみえる。国民国家の間に引かれた国境は民主主義《デモクラシー》を成立させる死活的要素であるようにみえるのだ。つまり、必然的に他と区切られた存在としての民《デモス》の輪郭を描くのが国境だというわけである。

以上のような国境についての説明を維持するのであれば、あらゆる国民国家を形式的に平等で、主権を有するものとして描き出さなければならない。だがそういう思い上がりを口にするというのは、植民地主義についての深刻な歴史的健忘症や、現行の「グローバル・ノースによる」経済的支配の諸関係を考察しようとする意志の欠如がなせるわざである。当然のことながら、すべてのシティズンシップが平等とは限らない。スウェーデン、ニュージーランドあるいはアメリカ合衆国の市民は、バングラデシュ、コンゴ民主共和国あるいはキルギスの市民よりも、実質的にはより良い人生の機会とより大きな移動の自由を有する。ということは、入国管理とはただ単に世界を切り分けているだけではない。それは国民化された高度に不平等な諸集団のあいだで固定化された法的、および空間的区別に強制力を与えるものなのである。

本書はこのようなグローバルな秩序を成り立たせている論理の全体に挑戦し、甚だ不平等な国民国家から成る世界を受け容れることを拒絶する。本書はシティズンシップと国境とが、民主主義と権利を保護するどころか、実際には様々な形態の不平等、不正義、そして害悪を、異なる規模で再生産していると論じるものである。

2　国境はいたるところにある

前節でみた国境についての支配的説明には、ひときわ目につく問題がある。国境は自らの目標とするものを達成する上では、実はさほど効果的ではないのだ。法的な許可や正しい書類手続きや適正な法的地位があろうとなかろうと、人は移動する。国境は、より長く、より危険な別の経路を選ぶよう移民に強いることもあれば、他人名義の書類を使用したり、旅路を進む助けを得るために誰かに金を支払ったりするよう強いるかもしれない。より安全でより直接的な経路を奪いとることで、国境は移民をしばしば危害にさらす――強盗、ゆすり、略奪、暴力などに。しかし国境は移民が移動するのをやめさせはしないのだ。

かくして、人は到着する。友人を作り、恋に落ち(人にも、そして場所にもだ)、ときにはそこに留まることに決める。もしも正規の法的地位なしにそうする場合には、仕事をする権利や、合法的に住居を借りる権利や、健康や教育といった必要な公共サービスにアクセスする権利から排除されるかもしれない。こうした状況の中で、人は特定部門の職種を引き受けることを余儀なくされる。そのような部門ではとりわけ悪い労働条件がしばしば伴い、従わなければ(入管に密告されてあなたは)犯罪者になるぞという脅しがときには付きまとう。

法的地位を有する移民(⇩用語集)でさえ、雇用主を変える権利、配偶者と別れる権利、あるいは大学の課程を修了した後でそのまま滞在する権利をもたないかもしれない。このことは、移民が自分自身を自由に表現する能力や、職場で権利を主張する能力、あるいは虐待的な関係から逃げる能力を制限する。〔国外で遠く離れて暮らす〕最愛の人はこちらに合流することも、あるいは訪ねてくることさえできないかもしれない。非市民が強いられるかもしれないことのなかには、〔指紋採取などの〕定期的な生体情報《バイオメトリック》チェックや、必要不可欠なサービスにアクセスするための相当な金額の支払い――その他の税金に上乗せされる負担である――や、入管法上の地位〔滞在許可〕を更新するための非常に高くつく手数料の納付がある。労働移民、難民申請者、そして無登録《アンドキュメンテッド》移民はしばしば福祉給付と無償の医療から、グローバルな感染爆発の最中でさえ排除されている。

さらに、いわゆるウィンドラッシュ・スキャンダル〔二〇一八年に発覚。詳しくは第一章第3節〕によって証明されたように、たとえ数十年にわたって享受してきたとしても、人は自らの法的地位と権利を奪われる可能性が常にある。この事件では高齢の在英カリブ系移民たちが医療と福祉給付へのアクセスを誤って否定され、場合によっては一九六〇年代や七〇年代に離れたきり戻ったことのない国々へと強制送還されてしまった(2)。

どこかの国で法的な許可を得て暮らす人は、ある日に目覚めると、規則が変更されて、自分が突如として「不法滞在」になっていることに気づくかもしれない。だが、これは逸脱した事例だと思い違いをしてはならない。というのも、それは国境が行っていることの一部に含まれているからだ。すなわち、国境は人を追いかけ回し、その時々に応じて様々なやり方で人を排除し、そうやって移民の置かれた状況を特徴づけている不安定性と使い棄て可能性《ディスポーザビリティ》とを生産するのである。

これら全てによって気づかされるように、国境が現実のものとして現れる場所は、国家の領土の周縁、空港、国境の壁だけではないということだ。実際には、国境はいつでも、いたるところに存在する。そうすることで国境は、人が連れあいや雇用者とどのようにかかわるかを、そして住み、働く場所の警察とどう接するか、さらにまた人が医療や福祉支援にアクセスできるかどうかをも決定する。(3)

国境は、移動する者や自分を移民だと思っている者にだけ影響を及ぼすのではない。国境がしばしば大きな影響を及ぼすのは長年にわたって非合法化されてきた――つまり移民の地位に追いやられてきた――長期定住者たちとその家族や友人である。それだけでなく、国境化の実践はマイノリティとして扱われる市民たちに、つまり「移民」あるいは「移民の背景をもつ者」として人種的に印づけられている人々に対して、否定的な結果をもたらす――後者は政治的メンバーシップおよび形式上の平等を有しているにもかかわらず、いつも「移民二世」として描き出される(が実を言えば、多人種社会で市民と移民との区別が一筋縄でいくことはない)。(4) そうかと思えば、非市民(つまり法律上では移民)であっても、言説上は移民として構築されない人がいる――エリートのビジネスパーソンたち、バックパッカー、「駐在員《エクスパッツ》」(経済先進国出身で他国に移住し働く高度人材)は入管についての議論では可視化されない。本書全体をつうじて私たちは、移民と市民との、移動する者と定住する者との、単純な対立の構図に揺さぶりをかけていく。現実はもっと混沌としているからだ。

国境が領土の周縁を輪郭づけているという考えからひとたび遠ざかれば、入国管理が個別の国民国家の内部で分断と階層秩序をいかに創り出すかがわかるようになる。入管体制《イミグレーション・レジーム》とは、格差づけられた権利を授け、したがってまた基本的権利を否定するシステムである――働く権利、家族の一員になる権利、福祉給付や医療にアクセスする権利、そして自由に移動する権利などを。国境とはそれゆえ労働者を、隣人を、家族をお互いに引き離すのであり、そしてレイシズムによる分断とネイティヴィズム〔もともと米国などで入植者由来の住民が新来移民に反発しつつ「自国生まれ」の権利を主張することだが、本書では移民受入れ国全般における移民出自でない市民による移民排斥を指す〕による反感を燃え上がらせる。国境は移民の排除をつうじて市民を団結させると約束するが、しかしそんな約束に内実などないことがわかる。それどころか国境は人口全体を、つまりは移民と市民の双方を監視し統制するのに用いられる。それに福祉や教育や保健サービスにおける資格剝奪と〔利用を制限するための〕条件づけの新たな形態は、まず手始めに移民を対象にして試行される傾向にあるのだ。(5) そのあいだに、新たな生体測定テクノロジーと予測分析が触媒となって、排除的でしばしば命すら奪う国境の取り締まりと監視の実践を、国家はさらに拡張できるようになる。そしてこれらの技術の何一つとして、将来「移民」以外には使われないという保証はどこにもない〔第六、七章参照〕。これから論証するように、国境は私たち全員を害するものである。だからこそ私たちは皆、国境の廃絶《アボリション》に取り組まねばならない。

3 国境は最近生み出されたものである

私たちが知っているような入国管理は比較的最近の発明品《イノベーション》にすぎない。一九世紀末になる前までは、移動性《モビリティ》に対する統制――たとえば浮浪者取締法など――は、国家の領土外への離脱の防止や、国内での移動制限に集中する傾向にあった。一八八二年に、合衆国政府は中国人排斥法を導入し、すべての中国人労働者の入国を禁止したが、これは近代的入国管理の幕開けを告げるものであった。カナダでは入国管理は二〇世紀への転換期に、インド系の移民労働者に向けられたレイシズムの高まりを受けた措置として導入された(6)。そのあいだに「白豪主義」政策が、オーストラリアへのすべての非ヨーロッパ系の入国を実効的に禁止していた——これは一八九〇年代から一九五〇年代までのすべての政権および主要な政党によって支持された政策である。

このような入国管理の導入以前に、これら入植型植民地《セトラー・コロニー》〔米国やカナダやオーストラリアなど、ヨーロッパからの入植者が先住民を虐殺して土地を奪い新たな入植社会を建設した植民地のこと〕での労働需要を満たしていたのは、大西洋を横断して行われた奴隷制、年季債務契約《インデンチュア》〔英領北アメリカへの渡航希望者が渡航費を前借りし、到着後の数年に及ぶ有期強制労働により返済するという一七・一八世紀の契約形式〕、流刑《トランスポーテーション》〔一七世紀末から一九世紀中葉にかけて英国が刑法犯や政治犯をアメリカやオーストラリアに追放し、公共事業等に使役したこと〕であった。実のところ、一九世紀末におけるこれら領土への、否定的に人種化されていながらも法的には自由であった移民の移動こそ、入国管理の導入のきっかけとなったと思われる。これらの入植型植民地での、人種的に望ましくない移民の到着と定住への対応策は、私たちが現在身を置いている国境で区切られた世界に至る道を掃き清めたのであった(7)。

このような歴史的過程を描く方法の一つは、植民地《コロニアル》を有する形態から国民単位《ナショナル》の形態へと移行するにつれて、国家が広範囲にわたる様々な入国制限を導入する傾向に着目することだ。この観点はたとえば、二〇世紀英国の入国制限の歴史を説明するのに役立つ。連合王国の最初の入国にかんする諸制限は、一九〇五年の外国人法によって行われたが、それは東欧での迫害から逃れてきたユダヤ系移民の入国を限定することをあからさまに意図していた。しかし最も重要な入国管理の拡張は一九六二年以降、コモンウェルス〔英国中心の緩やかな諸国家連合体、かつて大英帝国の植民地だった国が多くを占める〕

からの移民に対する統制とともにはじまったのであった。第二次世界大戦後、カリブ海、アフリカ、南アジアから英国へと、数千人規模の植民地およびコモンウェルスの臣民《サブジェクト》がやってきた。政治家、雇用者、一般公衆からのレイシスト的な反応は激しかった。このような状況の中で、英国政府は〔第二次大戦後から今日までに〕移民や国籍《ナショナリティ》にかんする諸法律を導入して、黒い肌および褐色の肌のコモンウェルスの臣民を、政治的成員資格に基づくいかなる権利からも事実上排除した。連合王国は自らを国民国家であると、島国であると規定したのだが、それはまさしくかつて植民地にされた領土からやってきた人々の排除をつうじてであった。そしてそのような排除は、黒い肌および褐色の肌の植民地およびコモンウェルスからの移民を標的にした国境管理《ボーダーコントロール》を導入することによって実施されたのだった。

このように、国境で区切られた国民国家は帝国、植民地主義、奴隷制の長きにわたる歴史から現れた、比較的最近の政治的構成体なのである。(8) 植民地主義が「現在に食い込む」(9) ことを私たちが認めるとき、領土や人口にかんする様々な分割はもはやそれほど自然でも正しくもないものとして現れる。それどころか、国境はもはや倫理的に擁護しがたいようにみえる。大部分の国民国家はただ第二次世界大戦後に独立したにすぎず、それ以前には、その多くがヨーロッパの諸帝国の植民地にされていたという事実こそ、そうした国々が今も世界において周縁的で低開発であることを説明してくれる〔A・G・フランクは、開発によって世界資本主義体制の中心に周辺が収奪される従属的な経済がつくられ、むしろ貧困状況を強いられている事態を「低開発の発展」と定式化している〕。したがって、現代の国境は人種的および植民地的な不平等を再生産するのだ。このことは、なぜ国境化の実践が、まさに発展した世界と低開発の世界との間に引かれた国境において、すなわちヨーロッパの外縁や合衆国の南部国境において最も強力であるのかを解き明かす助けとなる。

4　国境はもはや不用である

本書は単純な出発点からはじまる。すなわち物事がこうである必要は少しもないのだ。入国管理は人の移動を妨げるものではないし、市民を保護するものでもない。実際には、国境は自らが防止すると言い張る様々な社会的害悪の多くを生産するのであり、そこには人命の喪失や、非人間的で屈辱的な処遇、そして蔓延する不平等までが含まれる。移住の過程をそもそもつくりだしている諸条件――グローバルな不平等、土地と生活手段の剝奪、気候崩壊など――には国境は対処できない。そして国境は移動する者を、さまざまなかたちをとった搾取や虐待に対して脆弱にする。入国管理は権利を保護したりグローバルな不平等を緩和したりするためには使えない。国境はただ、これらの問題を悪化させるにすぎないのである。

アンジェラ・デイヴィスの監獄についての説明にならって私たちは、入国管理はもはや不用であると〔デイヴィス『監獄ビジネス』の原題「監獄は時代遅れ＝もはや不用では？（*Are Prisons Obsolete?*）」にかけている〕、そしてそれは廃絶されねばならないと、強く訴える[10]。国境と監獄は両者とも、望ましくない主体を管理するための処罰システムである。そして人々を処罰するにあたっては、国境も監獄も移動の封じ込め《イモビリゼイション》と強制追放という手段を用いるのだ。監獄と国境の間にいかに重要な差異があるとしても、国家暴力が移動を管理し制限することに向けられている点ではどちらも同じである。したがって国境と監獄どちらの場合でも、自由のための闘争は移動《ムーブメント》することをめぐる闘争である――場所を移す権利のための、つまりフェンスを越えて、檻の外へと、自由に動き回る権利のための闘争である。

私たちが国境廃絶《ボーダー・アボリション》と呼ぶものは、このような意味での自由の拡張に、移動することも留まることもできるような自由を拡張する取組みにかかわっている。現在こうであるような世界を前提とした自由移動を主張しているのではない。それは国境が対処しているとされる諸条件そのものを変革することを意味するのである。(11) 廃絶とは、不在(収容や送還のような国家の暴力的な実践をなくすこと)にかかわるのと同じだけ存在(生存のための財とサービスや、ケアの実践を存在させること)にもかかわる。したがって国境の廃絶は、暴力的な国境を解体しようとするだけでなく、お互いをケアし、私たちがいまのところ身を置いている国民国家よりも人間性の開花をいっそうよく導いてくれるような集団性の形態を育む、新しい方法をつくりだそうとする。国境廃絶は経済的正義、人種的平等、持続可能な生態系といった目標を含む、より広範な諸闘争の内部に位置づけられる革命的政治である。それは政治的共同体の間の国境が暴力によって防衛されている限りは、生きるに値する未来もありえないのだという確信に基づいている。

本書はどうやって国境廃絶に辿り着くべきかを書いたロード・マップを提供するものではない。国境が廃絶された世界がどのようなものになるかについて私たちは何も知らないし、国境廃絶に至る唯一の経路というものも存在しない。監獄廃絶から、そしてそれを形作ってきたより広範なブラック・フェミニズムの政治学から、私たちは政治的変化についての長期的な視点を受け継ぐ。どんな行動を起こすべきで、どんな危険を避けるべきかを検討しながら、本書は読者にいくつかの提案と考察を導く問いを提出したいと思う〔第八章第2節のQ&A参照〕。国境廃絶という目標は、いま戦略的に行動するための実践的な枠組みを提供するが、しかしその焦点は常に未来に、国境なき世界を建設することの可能性と切迫性に当てられている。その最初の一歩は、国境がこの世界で一体何をしているのかについての、私たちの集団的な理解を発展させることである。本書はしたがって、国境について臆することなく大胆に説明し、入国管理が他のかたちをとる国家の暴力や監視といかに関連しているのかを議論する。

本書の各章では、三つの広範なテーマが分析を導くことになる。第一に、廃絶は、私たちが国境なき未来という夢によって導かれねばならないことを——つまり私たちが廃絶主義的理想像を抱くべきことを要求する。バーガーとカバとスタインの言葉を借りれば、廃絶とは「道標となる星であり、そして実践的必要である」。私たちは本書のいたるところで、現在という時間のなかにある、様々な批判的なはじまりの瞬間に目を凝らすことによって、どうすればこの世界が別の世界になりうるのかを示すつもりである[12]。第二に、私たちの廃絶主義の枠組みは、どのような改良が非改良主義的改良であるかを見極めることにかかわっている——それは国境の権力と永続性を削減しうる、いま、ここでの変化のことである。非改良主義的改良は、改良かそれとも革命かといった二項対立から抜け出す道を提供する。国境の権力と影響範囲とを短期的にも長期的にも削減するのはどんな改良なのかを見極めると同時に、入国管理の論理と正当性を永続化してしまうような改良を回避するために、それは役立つ(第八章参照)。

第三に、国境廃絶は、国境の永続性を下支えするあらゆる社会的構造の解体を必要とするがゆえに、相互に連動している国家暴力の諸形態に抵抗するため、より広範な闘争において私たちがお互いに連携することを要求する。この課題は移民支援の分野で専門化された役割を占めている人よりも、ラディカルな活動家のほうがはるかに効果的に実行する傾向にあるものだ。タコツボから抜け出そうと私たちは読者を誘う——移住をとりまくさまざまな争点に取り組んでいる人々が、フェミニストと、反レイシストと、監獄廃絶論者と、対テロ政策に抵抗する人々と、そしてテクノロジーとデータをとりまく争点に取り組んでいる人々と、より効果的に連携してみるように(もちろん逆に、こうした人々が移民活動家と連携することへの誘いでもある)。本書の構造と、本書が進める議論とを形作っているのは、このような連携への招待である。

明らかに国境廃絶は、言うは易し行うは難し、である。変革の唯一の課題とは全てを変えることだと気づいたとき、スケールの大きさに圧倒されてしまうのは確かだ[13]。一体どのようにして収容センターを閉鎖し、送還を終わらせ、国家横断的企業が生活を荒廃させ地球を破壊することを阻止し、それと同時に自分たちの近隣に安全な聖域《サンクチュアリ》〔⇩用語集〕を育めばよいのか。どのようにして監視やビッグデータやアルゴリズムの影響範囲を削減しながら、同時に家族を超える新たな親密性の形態を発展させうるのか——しかも惨事ナショナリズムが大衆の政治的想像力に対する影響力を拡大させつつあるようなときに。道のりがたとえ長くとも、私たちは周りにある希望に満ちた兆しを認識すべきである——すでにさまざまな発展がはじまっているという兆しを。そして、このような兆候として現れている成果を手がかりにすることで築くことができる様々な戦略のことを考えてみなければならない。私たちは想像し建設し続けなければならない、たとえ絶望が希望に影差そうとも。

エルンスト・ブロッホ〔ユダヤ系ドイツ人のマルクス主義の哲学者で『希望の原理』(白水社)などの著作がある〕の言葉でいえば「〔希望の〕仕事は、生成するもの――人間自身もそれに属している――のなかにとびこんで働く人間を求めている」[14]。明らかにこの主張は廃絶の政治学と共鳴するものだ。マリアム・カバ〔米国のブラック・フェミニスト活動家〕は希望とは〔楽観主義ではなく毎日実践すべき〕規律《ディシプリン》であると述べている。ベル・フックス〔米国のブラック・フェミニストで、著作に『アメリカ黒人女性とフェミニズム』(明石書店)など〕は著作で次のように書いている。「希望に満ちることで私たちは力づけられ、不正義の勢力がさしあたり権力を握っているときですら、正義のための仕事を継続する。希望によって生きるとは、次の行動を起こす価値はあると信じることだ」[15]。希望は楽観主義と同じではない。むしろ希望を定義づけるのは「現在の諸条件のなかに〔萌芽的に〕現れつつあり、これらの条件が未来に引き継がれるときに姿を示すだろう何かに対する現世的な注意力」[16]なのである。私たちは本書を、そのような希望の一例として提供するものである。

私たちは読者を誘いたい。この世界のなかで国境は、実際のところ一体何をしているのかを考えてみるように。そして世界じゅうの様々な共同体が入国管理に頼ることなくお互いに関係することができるかもしれないと、ほんの短い間でもいいから想像してみるように。国境なき世界を実現するという本書の夢を、読者の多くがすでに共有していることだろう。そのような読者には、あなたの決意を補強し、批判の切れ味を高め、そして長期的な闘争のための戦略を提案するという意図が本書のうちに込められている。私たちが本書を送り出せたのは、単なる改良ではなく革命の夢を維持しているラディカルな活動家たちのおかげであり、とりわけ私たちが拠点をおく英国のグループ、つまり企業ウォッチ(Corporate Watch)や反摘発ネットワーク(anti-raids networks)やノー・ボーダー・コレクティヴ(No Borders Collectives)や被収容者支援諸団体のような警察・監獄廃絶論者のグループの力によるところが大きい。さらにまた、収容センターの外で抗議をおこない、入管の護送車を地域の外まで追いかけ、そして人目につかない無数のケアと連帯の行動によって非正規化された移民や犯罪化された住民を支援する社会主義者、アナーキスト、学生、クィア〔セクシュアル・マイノリティの総称としての〕、活動諸団体のメンバーからなる雑多な活動仲間に対して多くを負っている。

そうは言っても、本書はまたNGOや法律部門および社会福祉の分野で働く人々――ラディカルな潜伏者を含む――のためにも書かれており、直接行動や相互扶助やその他の革命的な計画といったものを横断するような実践的な応用性を持つように書かれている。政府のまだましな政策のために、そしてより効果的なNGOキャンペーンとロビイングのために闘う人にとっても、本書の有益性が示されればよいと私たちは願っている。相互扶助と政策関連の仕事が互いに排他的であるとも、直接行動とNGOのキャンペーンが必ず対立しなければならないとも私たちは考えない。

以上に述べてきたことは、著者である私たち二人の経歴を考えてみれば、驚くべきことではないだろう。一人〔ブラッドリー〕は、NGO部門で数年間働いてきたし、同様に草の根のキャンペーンと廃絶主義的な教育運動のもとでも活動してきた。もう一人〔デ・ノローニャ〕は移動性、国境、レイシズムについて教育し執筆する研究者だが、しかしまた入管事件に判定を下そうとする英国の裁判所のために、複数の専門家意見書を書いてきた。私たちは全ての回答を持ち合わせているなどと偽るつもりはないし、本書が提案するものの多くが決して新しいものではないことをわきまえるだけの謙虚さを持ち合わせているつもりだ。マリアム・カバが思い起こさせるように、廃絶においては、正しい回答を用意することも大事だが、正しい問いを立てることも同じくらい大事なのである。[17] 国境もなく、そして人種や国民という偽りの約束が与えられることもない世界の実現に向かって活動する人のために、本書が幾許《いくばく》かの空間を切り開き、幾許かの光明を投じることができれば——それが私たちの最終的な望みである。

第一章　人種《レイス》

入国を制限するのは、レイシズムではありません。

二〇〇五年の保守党の選挙キャンペーン広告

分別のある者はみな同意する。入国を管理することはレイシズムではないのだ、と。立場の異なる政治家が一致して、繰り返し公言する。入国管理は必要であるし、レイシズムとは何の関係もない、と。レイシズムのほうは道徳的に常軌を逸した悪であるけれど、入国管理のほうは正当かつ必要なものである、というわけだ。そうはいっても、極右あるいはレイシズムの政治運動はどれも露骨なやり方で新規移民の入国に反対し、旧来移民の排斥を訴えている。より一般的にいえば、望ましくない移民を表現するのに用いられる言葉遣いには、人種をほのめかす様々な目印がそっくり見て取れる。移動する者は動物化され――「群れ」という言葉を考えてみよ――、犯罪や病気や文化的病理を持ち込む者として描かれる。そういうわけで国家は、移動する権利、居住する権利、そして法的保護にアクセスする権利を移民に対して否定することで応える。移民は砂漠で飢え、海で溺れ、収容キャンプでのたうち回り、全ての人に提供されることになっている医療制度を備えた国でなら完全に予防可能な病気によって死ぬ——それでいて、ここには人種に関係のあるものは何一つ無いらしいのである。

今日主流をなしている理解によれば、レイシズムとは生物学的な優越性のイデオロギーであり、レイシズム的な社会はそのようなイデオロギーが公式に法制化されている社会だとされる。すなわちジム・クロウ法のもとの米国南部、ナチ・ドイツ、アパルトヘイト下の南アフリカがそれである。このような政治システムがもはや存在しないという理由から、またそれら政治システムが後悔と恥のタネであるという理由から、いまや社会はそこまでレイシズム的ではないものと仮定されている。それどころか、レイシズムは悪いことだという点ではほとんど誰もが同意することができるし、レイシズムが正しいと主張したがる人は誰もいない(ファシストや超《ウルトラ》ナショナリストたちでさえも、たいていの場合は我々はレイシストではないと言い張るものだ)。それにもかかわらず、レイシズム根絶が完遂したと請け合う者には、政治家や評論家から主要機関に至るまで、政治的思潮を問わず、滅多にお目にかかることがない。そのような人々や機関もまた、レイシズム思想がいまだに流布していることを認めてはいるが、無知で情報不足の人々のあいだか、他の点では善意あるような人々の無意識の偏見によるものとしている。

以上のような枠組みで考えている限り、レイシズムの「復活」は個人レベルで運悪く再発した症状のごときものとなる。こうなるとレイシズムは、個人の頑迷さや不寛容に還元される——つまりレイシズムは言葉による侮辱や街頭での暴力行為といった個人間で生じるものの中に、その真理を探し求めるべきだということになる——か、そうでなければ様々な制度内に浸透している先入観という問題に、つまり訓練やら平等と多様性にかんする宣言やらによって解決すべき問題にされてしまう。レイシズムが将来解消されるには、ただ個人の態度を矯正することが、そして様々な現行制度上の有力な立場に黒い肌や褐色の肌の人を就かせることができさえすればよいというわけだ。

ところがレイシズムを頑迷さや先入観に還元することはできない——そして人種は肌の色や生物学的な差異などよりもはるかに多くのものにかかわるものである。実際のところ、人種については次のように考える方が賢明であろう。人種とは、生物学的な事実でも〔遺伝学的意味における〕表現型といった目印でもなく、グローバルな規模で人口を管理するための分類システムなのである——しかもこの人種という分類システムが利用できる指示対象は生物学的なものでも文化的なものでも構わないのだ（そして通常利用されるのはその両方だ）。近代世界の歴史を考えてみれば、人種は人口を複数のカテゴリーに分類する手段を提供することで、分類された人々から土地を収奪し、奴隷化し、支配することを可能にしてきたということがわかる。したがって結局のところ、あるシステムをレイシャルなものにするのは、土地収用や搾取や不均等発展に対してより脆弱にするために、人間集団を文化的に、地理的に、生物学的に、互いにはっきりと見分けが付くように定義づけるやり方に他ならない。

以上のような視点に立てば、レイシズムがジム・クロウ法やナチスやアパルトヘイトに限定されえないことは明白である。レイシズムとは、人類を空間や法律や思考において分割するために、強者が振るう武器としての分類システムに他ならない。レイシズムという語が含意するのは「生命と生活の展望とを、社会的な地位と権利とを、個人の尊厳と社会の可能性とを、ある人の人種と見なされた要素を口実にして切り縮める」ことである——たとえその「人種と見なされた要素」が肌の色や生物学にかんする言葉では名指されない場合であっても（イスラム教徒やジプシー、ロマ、アイルランドのトラベラーコミュニティの人に向けられるレイシズムを考えてみよ)[1]。レイシズムは「あらゆるものを利用する」「ゴミ漁りのイデオロギー」であるから、無数の隠語を通して機能する。すなわちレイシズムが駆使する隠語には、イスラム教、移民、治安から、文明、ヨーロッパの生活様式、そして国防や、女子供を守れという言葉や、さらにはリベラルな価値の防衛といった言葉までが含まれる[2]。本書の目的にとって重要なことだが、レイシズムこそ、人種化された移民が居住することを、ひたすら危険、脅威、汚染という言葉だけによって概念構築しようとするものなのである。以上のことを念頭に置くならば、私たちは「入国を管理することはレイシズムではない」という主張に対するより有効な対応策を発展させることができるだろう。

1 植民地近代性、ナショナリズム、不均等な移動性

入管政策はレイシズムではないと政治家が断言するとき、そこでの要点は、入管政策では明示的に「人種」を根拠にしたいかなる区別も行われていない、というものだ。実のところ、あらゆる国民国家が差別している対象は外国人「その国家の市民権をもたない者」なのである。したがって入国にかんする制限とはただ、ある既存の国民集団が自らの主権に属する民主的権利によって入国と構成員資格にかんする規則として定めているのを、単に反映しているものにすぎない。言い換えれば、入国管理はレイシズムではない——それは単純に、国民共同体の利害を保護し優先するよう設計されているにすぎない。そうは言っても入国制限は、「人種」を根拠にした差別はしないとはいえ、国籍と貧困を根

拠にした差別を行うのを常としている。そして植民地主義の歴史こそが、「人種」と国籍と貧困が広範囲に重複する事態を生み出してきたのである。(3)「グローバルな貧民」の地理的分布は「かつて植民地化されていた」諸地域や「非白人」として人種化された人々の分布と非常に近似しており、それゆえ国境体制は根深い人種的意味を含んでいる。ただし、この体制のなかで人種はいわば「生き埋め」になっているのだが〔過ぎ去ったことと誤って記憶されながらも生命を保っている〕(4)。

近代世界の歴史は、植民地を拡張し、支配し、領地《ドミニオン》を争ってきた歴史である。すなわち植民地主義とは「近代の暗い影の部分」に他ならなかった。(5)そうであるだけに人種、国籍、貧困が互いに重なり合うという事実は驚くべきものではない。近代世界は植民地主義をつうじて形成されたのであって、それゆえ今日の世界を定義づける国民国家とグローバルな不平等は人種およびレイシズムと切り離すことはできない。この世界は人種の歴史や人々の人種的分割によって構築されている。たとえそのような歴史や区分にはいまや「人種」という名前が残っていないのだとしても。実のところ、植民地支配を脱した世界《ポストコロニアル》の秩序はまだ始まったばかりである。そうであるがゆえに、数世紀にわたる人種的支配という重荷を、この世界秩序はまだ引きずっているのだ。

私たちは人種と国民を、あるいはレイシズムとナショナリズムをきれいさっぱりと分離しようとするいかなる試みにも慎重でなければならない。ナショナリズムは互恵的かつ非階層的なものとして特徴づけられるかもしれないとはいえ、とりわけ西洋の様々なナショナリズムが実際に執着をみせてきたのは、人種あるいは文明の用語で構築されたマイノリティや外部者、すなわちユダヤ人、黒人、イスラム教徒などであった。シヴァモガン・バルーヴァンが説明するように、「人種を表立ってはそう呼ぶことなく言外に想起させることができる現代政治の言説を、最もよくまとめ上げるのが国民の言語と論理なのである」(6)。エティエンヌ・バリバールによると、

「レイシズムとナショナリズムの」重なり合いは、次のような時代状況にまで遡る。すなわち、それが誰のものであるかが歴史的に争われてきた諸領土のうえに国民国家が築かれ、人口の移動を統制しようと格闘していたような状況にまで、そして、諸階級の対立を超越する政治的共同体としての「人民」がまさしく生み出された状況にまで遡る。

レイシズムは絶えずナショナリズムのなかから出てくるのであって、それは外部のみならず内部にも向けられる(7)。

バリバールが説明するように、国民であること《ネイションフッド》が成立するには、特定の領土に属し、明らかな階級の違いを含むにもかかわらず運命共同体であるような単一の人民がつくられていなければならない。民族的《エスノ》・人種的《レイシャル》用語で定義づけて外部者を排除することはやむを得ないということ、これが常にこのような政治的決着の核心でありつづけてきた。バリバールは、「レイシズムは絶えずナショナリズムのなかから出てくる」と示唆することでレイシズムとナショナリズムが特定の場所において、どのような歴史的特殊性を帯びた方式によって互いを構築しあっているのかを調べてみるよう読者に促しているのである。

ここで最近のなじみある例、つまり英国の欧州連合（EU）離脱を取り上げるのがよいだろう。EU離脱でみられた「国民の主権」への要求に否定のしようもないほど人種の観念が充満していたことは明らかだった。反動的なポピュリストのリーダーであるナイジェル・ファラージ〔移民排斥を訴える英国独立党（UKIP）の元党首でEU離脱の煽動者〕は悪名高いキャンペーンを張る際に、「もう限界。EUは私たちを裏切った」と書かれたポスターの前でポーズを決めて撮影させた。このポスターに映し出されていたのは、数百の浅黒い肌の人たちが——容易にイスラム教徒だと読みとれる——列をなし、おそらくはヨーロッパ内へと、そしてその延長線上で考えれば英国内へと入国しようとする光景であった。このポスターで使われた画像や人物が、果たして英国のEU加盟の是非と何の関係があったのかは定かではない。とはいえ、このポスターが含意するのは、英国はひとたびEUから「独立」するならば、自らの国境に対する適切な統制力を取り戻すだろうということである。EU離脱を決めた国民投票の直後に、街頭や公共交通機関での人種差別的暴力が急増した。東ヨーロッパ系を狙った攻撃が多かったものの、しかし黒や褐色の肌の人々もまた襲われた——とくにイスラム教徒の女性が。こうして、英国の政治システム——その法律、規制、貿易関係——をめぐるものだったはずの国民投票が、フタを開けてみればそれよりもはるかに、移民やマイノリティについての、とりわけムスリムとして人種化された人々についての、腹に一物ある国民投票であったことが判明したのである。建前上は国民の境界画定を名目とする政治的プロセスが、人種化された外部者を追い出せと要求するレイシスト的要求から切り離せないものであることが明らかになった。実に、この二つのプロセスは切り離せないのが常であるように見える。

レイシズムとナショナリズムは、社会的および物理的空間から外部者を排除しつつ、人民の境界を画定するのに役立つ。そうだからこそ、レイシズムとナショナリズムが常に執着をみせてきたのは移動する者の存在である。現に、人が人種化されるのはまさしく、いかにして、どのような状況下で移動しているかという観点からなのである——たとえば「根無し草のコスモポリタン」なる反セム主義〔ユダヤのみならずアラブを含むセム系を差別する主義。ここでは反ユダヤ主義の意〕の決まり文句や、ジプシー、ロマ、トラベラーコミュニティに対する人種差別的追放や、公共空間での黒人に対する監視や取り締まりの強化のように。このように、レイシズムの根本的な関心事は空間と移動にある。すなわち移動するのは誰か、どのように移動するか、自分が属していない場所に留まっているのは誰か、といったことだ。

上述の点に関連する重要な事実がある。資本主義には〔人を〕動員《モビリゼイション》するとともに領土化《テリトリアリゼイション》に囲い込むプロセスが、ある場所から移動させるとともに別の場所で逃げられないようにすることが、常に含まれていた。大西洋をまたいだ奴隷狩りは数百万のアフリカ人を暴力的に誘拐し輸送することを伴ったが、プランテーションでの監禁と服従化がそれに続いた。北米とオーストラリアの先住民は強制的に特定の領域や居留地の内部に閉じ込められてきた——強制的に追い出され、土地を剝奪され、そしてフェンスで囲われた。収容所であれ監獄であれゲットーであれ、それらすべては、移動／逃亡《イモビリゼイション》を封じる施設のとる姿である。まさしくこの移動を不可能にすること《イモビリゼイション》こそ、人種という区分および階層秩序を生産し再生産するものなのである。ハガル・コテフが説明するように、「様々な移動パターン（無国籍、追放可能性、囲い込み《エンクロージャー》、閉じ込め）を生産することによって、異なる主体性／従属性《サブジェクティヴィティ》のカテゴリーが生産される」[8]。このことに留意しつつ私たちは、移住と移民の側が受入れ共同体にとっての社会問題をつくりだしているという合意点を再確認するのではなく、そうする代わりにジェームズ・C・スコットにならって次のように問うべきである。「国家はいつでも「動き回る人々」の敵であったようだが、それはなぜだろうか」[9]と。

もしもレイシズムの核心が常に、法的で空間的な排除にあるのならば、さらにはそのような排除の根拠が、誰がどのように移動してよいかや、誰がなぜ閉じ込められねばならないかについての決定に置かれてきたのであれば、現在においても国境が人種的な区分と階層秩序を生産していることは明らかだ——言い換えれば、国境は人種をつくりだすのである。そしてこのことが意味するところは、肌の色や頑迷さや先入観よりもはるかに大きい。

移動性というプリズムをつうじて検証してみると、レイシズムが時間と文脈によっていかに変化するかもわかるようになる。国境化の実践はなるほど植民地的な不平等を永続させもするが、しかしまた人種にかんする不正義の新たな形態も生産するのである。すなわち、難民キャンプ、海の国境化、並外れた規模の生体情報データベースの実施がその例である。レイシズムがいかに形を変えるものであるか、そして異なる現れ方をするレイシズムがどのようにして互いに結びつき、互いを育て合い強め合っているのかについて、反レイシストは抜かりなく警戒していなければならない。英国の文脈においては、二〇〇四年以降における東欧移民の悪魔化が、一九九〇年代末および二〇〇〇年代における反難民の政治を基盤として構築されていったことが見て取れる。さらに、これら全てが起きたのは、対テロ戦争の文脈でイスラム過激派をめぐるモラル・パニック〔道徳への危機意識が引き起こす大衆的パニック」が深まっていく最中のことであり、ひいては黒人の若者や深刻な暴力事件や「ギャング」についての以前から続く恐怖の最中のことであった。昔からある〔差別的な〕喩《たと》えが新たな目的のために使い直されたり、新たな方法で組み合わされたりするちょうどそのとき、人種化された外部者はその姿形を変化させる。そうであるからこそ、私たちの反レイシズムの政治学は別々に人種化された諸集団のあいだにつながりや同盟関係を育まねばならない――おそらくは新たに到着した移民とのあいだでとりわけ必要とされるだろう。

たとえば英国の入管収容施設である入管排除センターに近年収容されている者の大多数の肌の色は黒および褐色であり、英国の旧植民地の国籍者が多くみられるけれども二〇一六年以降には、英国からの被送還者の国籍上位三つをルーマニア、アルバニア、ポーランドが占めてきた。この文脈において、別々に人種化された移民たちは、貧弱な特権をめぐる競合者ではなく、ラディカルな反レイシズムの政治を、入管法令への違反という共通性にもとづいて連合して実践しうる人々とみなすべきである。警察からギャングの一味であるとの嫌疑をかけられた若い黒人の非市民〔おそらく長く英国に暮らす移民〕と、入管法執行部隊の掃討作戦に遭うルーマニア出身の路上生活者〔おそらく新来の無登録移民〕とのあいだには、明らかにつながりがある。その両者とも、内務省によって収容され、送還されようとしているのだから。

このような関連づけを、もっと上手にできるようになる必要がある。レイシズムと国境を互いに切り離して考えることなどできないはずだ。排除され、追放され、檻に囚われている人々の運命はすべて絡み合っている。この事実について意思疎通を図るには、いかにして植民地主義が私たちの生きる現在を構築しているかについての歴史的な理解が要求されることは確かだ——しかしそれだけでなく、レイシズムとナショナリズムの新たな節合がどのようなものであるかを見定める能力もまた要求されるのである。

2 ポストコロニアルな国境化

もしもレイシズムとナショナリズムが絡みあっていて解きほぐせないものだとしたら、このことはグローバル・サウスの、その市民の支配的部分が白人ではない旧植民地の国々では何を意味するか。南アフリカやインドやドミニカ共和国においてでさえ、国境はそれ自体として人種差別的であるのか。このような問いを立てるのは間違っているかもしれない。というのも、レイシズムと呼ばうが呼ぶまいが、非合法化し収容し送還できる存在にするために、人を移民と定義づけて暴力的に排除することは、それがどこで引き起こされようとも憂慮すべき問題だからだ。またしたがって、反レイシズムのプロジェクトとして国境廃絶に取り組むのならば、レイシズムは常に非白人に対する白人のレイシズムというおなじみの外観で姿を現すとは限らないであろう。

一九六〇年代をつうじて、とりわけ一九六九年に、ガーナは数十万人の「外国人」をナイジェリアへと追放した——その多くはガーナで生まれたけれどもヨルバとして身元登録された人であった。一九八三年に、ナイジェリア政府はこれと同様に、およそ三〇〇万人の「外国人」を送還した——その多くはガーナへと送還された。一九六〇年代、七〇年代、八〇年代をつうじて、このような大量の追放が、シエラレオネ、コートジボワール、チャド、ウガンダ、ザンビア、ケニア、カメルーン、セネガル、リベリアを含むアフリカ大陸のあちこちで行われた。南アフリカではアパルトヘイト廃止以後、反移民暴力の急増が記録されてきたが、そのほとんどが他のアフリカの国民国家からやってきた黒人に対するものであった。二〇〇二年には二五万人が南アフリカから追放された。二〇一一年に、南スーダンは世界で最も新しい国民国家となったが、直ちに旅券及び移民法を可決させた。国籍は南スーダンの土地との歴史的な紐帯と先住性に基づいて定義されたが、しかしスーダンの南部出身者とみなされた人のなかにも、自分が国家の構成員としての資格を満たしていることを証明する術を持たない人が多かったのである。そのような人々はそれゆえ「不法な移民[10]」として逮捕、収容、送還に対して脆弱な立場に立たされた。

こうした事例は、国民国家の形成や戦争の過程において数多くみられるもので、他にもたとえば〔一九四七年の独立時における〕インドとパキスタンの分裂や、〔一九七五年から翌年にかけての〕キプロスでの住民交換や、第二次世界大戦の終結直後に中東欧各地で起きた数百万のドイツ系住民に対する民族浄化などがある。このリストはぞっとするほど長く続く。結局のところ、実際に起きた民族《エスノ》間暴力とジェノサイドの事例を最もうまく説明することができるのは、誰が国民に含まれ、誰がそこから抹消されるべきかをめぐる暴力的な闘争という観点である。たとえば〔一九九四年に発生した〕ルワンダのジェノサイドは、真のネイティヴという枠に括られた人々(フツ)が、外国から来た植民者という枠に入れられた人々(ツチ)を抹消しようとする苛烈な紛争から生じた。ユーゴスラヴィア内戦の最中に起きた民族浄化は、国民の郷土を不正に占拠しているとみなされた外国分子を標的にしながら遂行された。

ミャンマーでロヒンギャがジェノサイドに直面したのは「不法なベンガル移民」と定義されたからであった。ナレンドラ・モディがインド首相としてのキャリアを築くことができたのは、グジャラート州での反イスラムのポグロム〔虐殺〕に共謀し、さらに数百万のイスラム教徒から市民権を奪って抑留することを公約したという背景があってのことであった。ドミニカ共和国は数千人のハイチ系の子孫から市民権を実際に剝奪したが、このことはハイチ系として身元登録された人々に対する大量の脅迫、暴力、追放を引き起こした。

大まかに言うならば、国民単位の国家の形成は入国管理の導入とぴたりと重なり合ってきたといえる。国民国家が自らの主権を遂行するのは、国籍や入国管理にかんする立法、国境の壁、そして旅券や国民IDカードをつうじてである。植民地帝国《コロニアル・ステイト》から国民国家《ネイション・ステイト》への移行において、政府は入国にかんする制限の施行を国民集団《ネイションフッド》としての実質の確立に至る通過儀礼のようなものとしておこなう傾向にある。このことが当てはまるのは、レイシズム的な入管法や国籍法を二〇世紀への転換期に導入した白人入植型の植民地（オーストラリア、カナダ、合衆国）だけではない。第二次大戦後、帝国の終焉のさいに旧植民地臣民の排除を意図して慌ただしく制限立法を進めた点で際立っている、英国とフランスという帝国の本国にも同様に当てはまる。しかし同じことはアジアやアフリカの様々な国家にもまた当てはまるのだ。それらの国家は制限的な入国管理法と国籍法を独立後ただちに導入する傾向にあった。

これらの移行過程はどれも正確には同じではないけれども、しかし完全に異なっているわけでもない。「民族自決」によって旧植民地国家での入国管理が正当化されるときには、これを自治が達成された指標であるとロマンチックに美化してはならない。というのは、新たに独立した国家における国境は以前の植民者の排除を主要とするのではなく、むしろ同地域の近隣諸国からやってくる移民や、土着の者とはみなされないマイノリティを処罰するからである。このような国境化と排除のプロセスは、一様ではないポストコロニアルな状況のなかで起きる破壊的な民族紛争と結び付いている。

もちろん世界各地でのエスニック紛争は、植民地主義を考慮することなしには説明できない。植民地支配の体制をつうじてこそ、今日知られている「ネイティヴ」と「移民」という政治的カテゴリーが最初に生産され、これほどにも大きく人命を左右するような重要性を植え付けられたからだ。[11] それに加えて、誰が「ネイティヴ」かつ「市民」として数え上げられるのかをめぐって、このように多様な紛争が生じることは、地球規模のシステムがグローバル・サウスの人々に対してどのような特有の圧迫を加えているのかを考慮することなしには説明できない。そのような人々は土地を剝奪されてきた――ということはつまり収奪され、搾取され、なおかつ棄民化されてきたということである――がゆえに、共同体主義的な運動に政治的かつ情動的なはけ口を見出す。ネイティヴィズムに与えられている魅力は、もしも品位あるしかたでまともに自活できるようになれば、きっと弱まるはずだ。

自分を慰めるために、ナショナリズムが悪いのはただ白人が行使するときのみであるというどんなささやきにも耳を貸してはなるまい。「白人至上主義」という言葉を用いようとも、その言葉は私たちが求める説明機能のすべてを担うことはないだろう。ポストコロニアル国家における移民とマイノリティに対する暴力をレイシズムと呼ぶべきか否かは、主要な問題ではない。重要なのは、領土化された国民国家という〔グローバル・ノースと〕同じ政治的形態が、新たな歴史的文脈のもとで、自らの致死性の魔力を作用させているということなのである。

これらすべてが求めているのは、それがどこで繁茂していようとも、ネイティヴィズムの政治に私たちが抵抗しなければならないということだ。ナショナリズムの死を呼ぶ力に対するもっと一般的な対処の方法として、国民国家の下から国民国家を超えて拡がるような政治的共同体の諸形態を、私たちは育まねばならない。このことはローカルなレベルでは、より開かれていてしかも手で触れることのできるくらい具体性のあるローカリティの形態とはどのようなものであるのかを見定め、それをつうじてナショナリズムを拒絶することを意味する。都市が田舎よりも反移民政治に対してよりいっそうの抵抗を示してきたことは驚くべきことではない。それどころか、一部の都市自治体は移民を規制するある種の方式に加担することを拒否してきたし、自ら聖域都市であると宣言したところもあった。

それと同様に、トランスナショナルな(あるいはトランスローカルな)文化的同一化や政治的同一化は、ナショナリズムの政治をゆるがすことができる。合衆国のＢＬＭ(「黒人の命が問題だ(Black Lives Matter)」運動)のみならず、ナイジェリアの「ＳＡＲＳを終わりに」(#EndSARS はナイジェリアで二〇一七年にはじまった、ＳＡＲＳ＝警察特別強盗特殊部隊による越権捜査、暴行、拷問、処刑を告発するキャンペーンで、二〇二〇年のＳＡＲＳ解散に結実した)のような運動もまた、グローバルなつながりを駆使し、協働するプロテストを世界中で引き起こしてきた。パレスチナやクルディスタンと、あるいはインドの抑圧されたグループと連帯する運動は、反レイシズムや反帝国主義を国際主義的に地球規模で発展させていくうえでの別の諸形態を提唱するものである。これらの運動は、国家による侵害行為、とりわけ警察力や軍事力がらみの暴力が、どこでも共通の形態をとりつつ相互に結びついているということを認識している。まさにこのような地球規模でのつながりを築き上げることで、私たちは別の世界への開口部をつくりだす——軍事化された国民国家のない世界への入口を。国境廃絶の運動は、これらの亀裂をさらにこじあけることを追求しなければならない。

3 反レイシズムと国境廃絶

いまや悪名高い事件となったウィンドラッシュ・スキャンダル〔⇩用語集〕に巻き込まれたのは、一九七二年末までにカリブ諸島から英国へと移住した後かなり経ってから、〔二〇一〇年代の〕英国の「敵対的環境」という入管政策〔第五章第2節で詳述〕に捕らわれた、すなわち雇用、居住、医療へのアクセスを否定され、そして一部の場合には送還された人々である。そのような人々は、一九七三年以前に移住していたコモンウェルスの臣民として無条件に在留する権利(「居住権(right of abode)」)を付与されていたが、しかし後の「敵対的環境」政策の下で「不法移民」へと分類し直されることになった。激しい抗議の世論が集中したのは、暴力的な国境管理の執行が誤った人に向けられたことに対してであった。あらゆる立場の政治家や評論家が、その人たちは市民だと繰り返し声を上げた——つまり不法移民ではないのだと。

労働党下院議員のデヴィッド・ラミーが『ガーディアン』紙に寄せた論稿は、ウィンドラッシュ世代は「市民」であるという言及を、短文にもかかわらず一〇回以上も含んでいた。ラミー議員の説明によると、このスキャンダルは「自分自身の国で犯罪者のように扱われてきた市民」にかんする事件であった。このようにしてウィンドラッシュ世代の移民に加えられた危害は、それよりも最近の時期にやってきた、敵対的環境政策によって影響を被る移民に対する処遇からは切り離された――このような人もまた同様に非合法化され、極貧を強いられ、収容され、送還されたのだが。こうして、ウィンドラッシュ・スキャンダルの解決策はウィンドラッシュ世代の移民だけに対象が絞られた救済策となる他なかった。非市民に対して生活の基本手段へのアクセスを否定するシステム全体の抜本的見直しを図ること、言い換えれば敵対的環境の廃止には、救済策を見いだしようがなかったというわけだ。

一般に、特定の移民グループのために市民権を要求するキャンペーンは、基本的権利にアクセスするには特定の種類の人――市民、内部者、所属する者――でなければならないとする観念を強化するよう働く。これは、基本的権利や尊厳や抑圧からの自由を国家に要求できるのは市民だけだという仮定をすこしも掘り崩すことがないという点で、改良主義的な要求である。もし非改良主義的な要求であるならば、それが求めるのは非市民の権利――非市民を国家に抗する権利の保有者として確立すること――であるだろうし、それは潜在的には、長きにわたって実現されていない人権の約束を取り戻すことであるはずだ。これはつまり、権利へのアクセスにとってシティズンシップという法的地位はもはやその根拠にはならなくなるということだ。なにしろシティズンシップという法的地位は、対テロ戦争の文脈においてますます「特権」へと作り変えられてきたのだから。

要するに、反レイシズムがその中心に包摂しなければならないのは入国管理に服している人々(非市民)であり、しかもその人たちを単に市民に変えることによって問題を解消しようとしてはならないと私たちは主張しているのである。人間を市民に変えることは、排除の論理に挑戦することでも、構成員資格から排除されたより広い範囲にわたる人々を保護することでもないからだ。国境廃絶に関与する者として、私たちは次のように問わなければならない。では、シティズンシップを越えた向こう側には何があるのかと。

レイシズムとナショナリズムの一方が他方を構築しあうという性質を無視する場合には、反レイシズム運動は国民という集団性と和解し、レイシズムに対する救済策を国民の境界線の内側という居心地よい領域のなかで追求することになる。それが多くの場合に意味するのは、国家の支配的な制度内に利益代表者を置こうとする運動である。これが最も粗雑な形態をとる場合には、現行の英国政府がこれまでにないほど民族的に多様であり、高い地位（つまり権威ある地位）にも黒や褐色の顔がみられるという事実を祝福することになるかもしれない。しかし同じ問題はまた、役員室や警察署やエリート大学のなかで多様性を求める様々な声にもはっきりとみることができる。明らかに、黒や褐色の肌の上司や億万長者や警察署長は、人種と階級の抑圧によってその生を縮減させられている大多数の黒や褐色の人を助けはしないだろう。私たちがまた認識しなければならないのは、大学や大きなＮＧＯのような様々な制度のなかで多様性を求める要求が、よりラディカルな要求を、つまりそれらの制度が有している構造や戦略の変革をめざす――さらには制度を発展的に解体させて割り当てられていた旧資源を別の目的へと再配分することさえも見越した――もっとラディカルな要求を厄介払いして遠ざけたり沈黙させるように機能しうることだ。利益代表／代理表象《リプリゼンテーション》という陳腐な政治は本質的な問題から気をそらせるように作用する。たとえば銀行券に黒人女性の肖像を刷り込むよう求めるキャンペーンなどはその一例である［オバマ政権末期の米国では一九世紀の奴隷解放活動家ハリエット・タブマンが黒人女性で初めて二〇米ドル札の肖像に採用決定された。トランプ政権時に撤回されたものの、バイデン政権が決定を復活させた」。

もちろん、国民という境界線の内部であっても、重要な仕事をしている反レイシズムの試みは多くある。制度的レイシズム〔個人の信念や偏見よりも政府や市場などの制度に埋め込まれたレイシズムを問題とするための語〕に挑戦するグループが焦点を当てる傾向にあるのは、二級市民の地位などと呼ばれたりするもの、すなわち人種化された市民が形式的な構成員資格〔つまり法的地位としての市民権〕を有しているにもかかわらず排除され差別されるやり方に対してである。このような反レイシズムのプログラムのなかには、非市民を含めたレイシズムに従属させられているあらゆる人の役に立つものもある。しかし通常そうした反レイシズムの視界に入国管理が入っていることはない。この点について問題が生じるのは、レイシズムが市民の内部に不平等をつくりだすものと想定されるときである――英国では多くの人種化された人々がシティズンシップを否定されていることは周知の事実であるにもかかわらず。だからこそ私たちは、学校や職場や保健医療システムや刑事司法システムのなかで構造的レイシズムと闘いながらも、その一方でまた、そもそも国境が人々を排除し、教育や雇用や無償の保健医療に、そして法の適正手続きを受ける基本的権利にアクセスできないようにしていることをも認識しなければならない。レイシズムが悪いのは「国民を分断する」からだとか「市民を排除する」からだという考えを助長するようなことは避けるべきだ。まるで私たちがあたかも満場一致でシティズンシップをよいものだと認め、完全で対等なメンバーシップが国民体《ネイション》に属する内部者だけのものだという理念を支持しているかのようにふるまうべきではない。

反レイシストであるならば、国境廃絶を追求しなければならない。人種的平等のためのキャンペーンを行う人はあらゆる入国管理といますぐ闘うべきである。これは移民の権利のために活動する者が、その活動がもたらすはずの効果がレイシズムの重圧によってどれほど大幅に制約されているかをいますぐ考えてみるべきであるのと同じだ。レイシズムからの自由とは、縛られずに移動する自由を——場所を移す権利とは切り離せないものとしての解放を——意味するのだと、私たちは自由を求める黒人の諸闘争から学ぶことができる。

国境廃絶を追い求めるなかで、私たちは人種と国民を超えると同時にそれらに抗する《ビヨンド・アンド・アゲインスト》集団性を想像するオルタナティヴな方法を培わなければならない。人民やアイデンティティや領土にかんする近代的な思考法は歴史的にみて相当に新奇なものであって、そのような考え方が私たちを支配する力は決して完全ではない。気候変動と地球規模の感染爆発に際しては皆共通して脆弱であるという意識がますます深まるにつれて、地球規模の感受性と、全人類が共有するものとしての世界への積極的参与とを発展させていくことが急務となっている。国境を廃絶するという課題は、このプロジェクトの中心に、数多くの闘争の場からなる地球規模の戦いの中心に置かれなければならない。

移民の権利のために闘うヨーロッパの活動家は正しくも、ＥＵの暴力的な国境体制に挑戦し、そして移動する人々の安全な通行路をあらゆる必要な手段に訴えてでも確保しようと努めている。しかしまた国境廃絶とは、たとえばアフリカが自由移動の空間になるための保証を与えることでもある。アシル・ンベンベが言うように、「脱植民地化の仕事を完遂させたいのならば、私たちの大陸に引かれた植民地的な境界を引き倒し、アフリカをアフリカ自身とその子孫が、そして自己の運命を私たちの大陸と結びつけようと望む全ての人が行き交うことのできる単一の広大な流通空間へと変えなければならない[12]」。

結局のところ、国境と壁は、それがどこで建設されようとも解体する必要がある。すなわちインドとバングラデシュの間であれ、イスラエルとパレスチナの間であれ、サウジアラビアとイラクの間であれ、合衆国とメキシコの間であれ、どこでもだ。国境が傷つけるのは土地と私たちの政治的想像力の両方である。収奪された人々の希望は、固有の領土を、固有の要塞を築くことには決して向けられてはならないのだ。レイシズムと国境の問題をかつて植民地にされた人々の観点から考えるなら、土地や人間集団や文化を領土化し、国民の財産へと転化することじたいがよりいっそう根深い問題なのだとわかる。このような方法で国民国家それじたいに備わる排他的性格という問題を考えていくためには、移動、土地、文化、そして差異をめぐる政治的形態と理念の様々なオルタナティヴを発展させていくことが必要なのである。

第二章　ジェンダー

入管法は今日も相変わらずセックスと出産を婚姻の枠内に限定するよう奨励しており、異性愛家父長制のみならず移民内部の様々な階級をも絶えず再生産している。つまり生殖に結びつかないセクシュアリティや婚外出産を理由に、あるいは婚内出産であってもそのために国家に出費させたことを理由に排除される人々を移民の内部につくりだすのだ。

エイニャ・ルベイド『入国不許可——セクシュアリティに対する国境統制』
(Eithne Luibhéid, *Entry Denied: Controlling Sexuality at the Border*〔, p. 75〕)

1　偽装結婚——配偶者として数えられるのは誰か?

一人のスタッフがカメラを回しながら、入管職員の背中を追いかける。「偽装結婚」の現場を押さえにいくところだ。簡素な人前結婚式が行われているその真っ最中に入管職員がぞろぞろと割って入り、パキスタン国籍の「移民法違反者」がスロバキア国籍の「ニセ花嫁」との婚姻を成立させるのを未然に阻止する。男が手錠をかけられて逮捕される一方で、女は結婚がカネ目当てだったのかそれとも実際にニセのロマンスに騙されたのかを確定させるために尋問されている。場面の細部やロケ地はさまざまでも、筋書きはほぼ同じだ。BBCニュース、スカイニュース、チャンネル5、そして他の放送局は二〇一〇年代初めに、どれも似通った衝撃的暴露をカメラに収めることで、いわゆる偽装結婚についてのモラル・パニックの一部をなした。こうした類の物語は、単に移民が入管システムの裏をかいていることを取り上げただけではない。それは結婚制度の濫用にも焦点を当てていた。

入管法では、より一般的には民法でもそうであるように、婚姻が優遇されている。婚姻とはある人が有する関係を国家にとって読み取り可能《レジブル》〔第六章第2節参照〕にする方法である。権利を求める非市民にとっては、結婚は権利や資格を請求するための重要な道になりうる。英国の移民法のもとでは、特定のビザを有する人々は扶養家族――配偶者、子どもがその例である――の同伴を申請することができる一方で、そうではない非市民も英国に居住する配偶者との関係を根拠にして移民法関連の申請を行うことができる（ただし内務省は、たとえば短期就労から配偶者ビザへの移行のような「ビザの切り替え」を困難にしてきたのだが）。結婚していない移民はそれでも「適格要件となるパートナー」（通常は市民）との家族生活にもとづいて移民法関連の申請を行うことができるが、しかしこの家族生活が「結婚に類似する」関係であることを――つまりは同居していること、経済的責任を分担していること、そしてもちろん他に相手《モノガミー》がいないことを――証明しなければならない。

明らかに、結婚は相変わらず理想とされ、保護されるべき何かとされている。実に、滞在権を確保するために婚姻制度を利用する者もどうやら一部にはいるらしいことを口実にして、非市民の婚姻が捜査と監視の対象にされている。こうして、あらゆる衝撃的なおとり捜査は「偽装結婚」が招いた天罰を啓示しているわけである。その結果、非市民はいまや結婚する前に政府による認可を受ける、つまり結婚の過程を一から監視される必要がある。

二〇一二年以降、英国政府は、非EU市民の配偶者を連れてきてともに暮らそうとする市民が、少なくとも年間に一万八六〇〇ポンドを稼がなければならないと定めている(これに子どもが加わる場合には第一子で三八〇〇ポンドが、第二子以後は一人あたり二四〇〇ポンドが加算される)。この規定が実際に妨げているのは、最低賃金で暮らす者が外国の配偶者を連れてくることであり、そして特に目立つのは女性に対する影響、とりわけエスニック・マイノリティ女性に対する影響である。あからさまに言ってしまえば、「失業や障害のために給付金を受けている者はEU外の人と結婚することは不可能も同然である」(1)。それと同時期に、英国政府は配偶者のための試行期間を二年から五年に延長したが、これは「婚姻関係の真正さをテストする」ためだという触れ込みであった(2)。このことが意味するのは、もしもあるカップルが試行期間である五年間の途中で別れる場合、移民である方の配偶者は別れて居住することを要求する権利を有しないということだ。推測がつくことだが、この措置は移民である方の配偶者を罠にかけ、不幸でときに虐待的な関係に陥れる効果をもっている。この関係に捕らわれた移民は、在留を続けるためには市民である方の配偶者に事実上依存せざるをえないからだ。関係から離れるということは無登録になることを、そして潜在的には送還に直面することを意味する。

英国の配偶者ビザをもつ人は通常、「公共財源に一切頼らないこと」と規定された政策に従わねばならない。それはつまり障害者手当、住宅補助、失業手当、児童手当を含む福祉給付を法律上要求できないということだ。このことは移民を、経済的に援助するパートナーに対して特に依存させる。もしも関係から脱け出せば貧窮するだろうからだ。こうして非市民の配偶者を社会的権利から排除することは、送還の脅威と組み合わさることで虐待の条件をつくりだす。したがって非改良主義者の主たる要求の一つは、そのような移民が配偶者から(そして実際には雇用者からも)独立して権利要求ができるような状態を確保することである。そうすれば、家庭内の虐待や職場での搾取から誰もが脱出する術をもつことになるだろうからだ。

廃絶主義者の要求は、入管法の執行機関の勢力範囲――この場合では人々の親密圏や家族の領域のなかにさえ拡張されている――を削減することに焦点を合わせる。それはつまり、結婚に対する監視や調査や条件づけを減らすだけでなく、配偶者との関係に依存しないように個人の権利を拡張することでもある。より野心的に言えば、それが意味するのは、人々が個人的生活や親密圏での生活を官僚的調査へと曝け出すことなく自由に移動し権利にアクセスできるようにすることであり、それをつうじていまのところ与えられている王座から婚姻関係をすっかり引き降ろすことである。

2 国民を再生産する――親として数えられるのは誰か?

二〇一八年に、ドナルド・トランプは、数千人の移民の子どもをかれらの親から引き離して、さらなる悪評を招いた。トランプは書類なしの入国に対して「容赦なし《ゼロ・トレランス》」政策を導入し、国境を越えてきた親たちを「不法入国」のかどで起訴した――そして次に子どもは親から引き離して「同伴者のいない未成年」として収容した。親が刑事訴追に直面している一方で、テキサス州にあるかつてウォルマートだった建物は数千人の移民の子どものための収容センターへと改築されていた。この措置は、檻に閉じ込められて床で眠る子どもの集団の画像がオンラインで広まったことで、広範な怒りと狼狽を引き起こした。どう考えても、この措置にはぞっとさせられる。とはいえ、それがとくに強く人々の心に響いたのは、子どもや親や家族についての支配的な観念が作用したからこそであった。

実のところ、この措置は制限主義的な入管政策の観点においてさえ、道徳的に誤ったものとみなされたのだった。まるで当然であるかのように、家族を引き離したり罪のない子どもを閉じ込めたりすることがまかり通るなんて、思ってもみなかったのである。それどころか入管法令は親子関係の重要性を承認している――ただし大半の場合は生物学的意味での親子関係だが。これは明らかによいことである。多くの人にとって、子どもとの関係は最も尊く深い価値をもつからだ。しかしながら、国境廃絶にとって問題となるのは次のことである。親子の生物学的な関係が（実際には日常的にないがしろにされているとしても）〔法律や社会通念としては〕優先されることで、いかなる種類の関係が不可視化されているのだろうか。

ここで生じる緊張関係の一端をなしているのは、子どもが特別に心配されるにもかかわらず、子どもの世話《ケア》をする者、たいていは母親には極めて限定された権利しか与えられないのが常である、という事情だ。父親の場合、実際には子どもの世話に対してどれほどの責任を負っていたとしても、送還は杓子定規に執行されるのだが、その理由は通常、母親が提供するケアの方がより重要だと想像されるからだ。他方で母親の場合はと言えば、子どもを産んで育てる責任を負っているものと認識されるわけだが、そのような認識の裏面として、それならば母親という立場こそが取り締まられ統制されるべきものだということにされてしまう。移民の女性はつねづね、〔在留や給付金などの〕権利を得るためという、世の道徳観念をあざ笑うかのような目的で子どもを産んだのだと糾弾されている——そして母親の資格を疑われるべき者が誰であるのかを決めるのは、例のごとくレイシズムである。たとえば、アイルランドの進歩派が同性婚と中絶を合法化した国民投票を誇らしげに祝福する一方で、しばしば忘れられているが、二〇〇四年には同国民のおよそ八〇％が領土内での出生による市民権付与の廃止に投票したのだった。これは、黒や褐色の肌の難民申請者の女性がアイルランドで子を産み市民の親になることで権利を得ていることについて引き起こされたモラル・パニックに対する直接の応答だった[3]。似通った考え方が、いわゆる「アンカー・ベビー」〔在留資格を得るための子ども〕とアメリカ合衆国憲法修正第一四条〔出生地主義による市民権付与を規定〕についての論争を支えている。

英国ではマーガレット・サッチャーが一九八〇年代初めに領土内での出生による市民権を廃止したが、いまも英国は子どもを持つ移民をスティグマ化して処罰しつづけている。英国の非合法化された移民がいまや直面しているのは、出産にかかる費用が帝王切開でなくても平均でおよそ七〇〇〇ポンドかかることである。厄介なことに、移民に料金を請求する義務だけでなく、もし支払いが滞った場合には入管当局に通報する義務をも国民保健サービス（NHS）は課されている。NHSの請求金額は英国の「敵対的環境」と名づけられた入管政策の下で増額され、そして案の定、人種化されジェンダー化された影響をもたらしてきた。もちろん、移民の出産率を統制し、取り締まり、処罰するという試みは、人口動態上の変化をとりまくよりいっそう広範な懸念を反映している。そこでは反移民を唱える声が、白人マジョリティは非白人の移民（とくにイスラム教徒）によって人口上みるみる置き換えられ《リプレイスド》つつあると警鐘を鳴らす〔言及されているのは、グレート・リプレイスメント（大置き換え）という欧米の右翼ポピュリストや極右が唱える一種の陰謀論〕。誰に、どれくらいの率で、子どもができるのか。いかなる種類の権利が付与されるのか。これがレイシストとネイティヴィストにとっての重大な懸念事項なのであり、そして入国管理は国民にとっての第一の防衛線とみなされる。以上のような理由から、移民女性の性と出産にかかわる生活は入国管理の主要な標的とされるのだ。

3　「家族生活」の限界

二〇一六年九月、英国政府はジャマイカへの大量送還用の航空機をチャーターしてジャマイカ国籍者を対象とした一斉検挙に乗り出した。自宅や監獄から、さらには入管報告センター〔⇩用語集〕で狩り集められた人のほとんどは長年英国で暮らしてきた人であった。それゆえ国外追放を免れるための絶体絶命の不服申立てを起こした人も多かった。ダレルの場合には六人の子どもがいたが、うち四人の子にとって、ダレルは主たる保育者だった――子どものために毎日朝食を作り、学校に連れていき、そして迎えに行った。このような関係を根拠にして、彼は送還への不服申立てを起こした。ミシェルの場合には幾年にもわたるパートナーとの関係をふまえれば、送還は均衡を欠く措置であると主張した。加えて彼女は実母の介護者でもあった。マイケルが送還に不服を申し立てたのは、ヨークシャーに二歳の頃から住んでいて、家族全員が英国内にいたということがその理由だった。彼はジャマイカには一人も知り合いがいなかった。しかしながら異議申立てにもかかわらず、ダレルもミシェルもマイケルもみな、政府がチャーターした航空便で、他の三九名のジャマイカ国籍者とともに送還された(4)。

三人による家族生活を送る権利を求めた訴えは、三人を送還することとの「公益」を上回るほど重要だとはみなされなかった。

ミシェルが英国にとどまることができなかった理由の一つには、彼女が養育した子どもが生物学上の子ではなかったという事情があった――継親《ままおや》としてのミシェルの役割は送還を阻止するには十分ではなかったのだ。ダレルが子どもと引き離されたことは、四人の子どもの主たる保育者であったにもかかわらず「不当に厳格〔であるがゆえに法律上無効だ〕」とはみなされなかった。その一方でマイケルは、自分がいとこやおばや祖母と有している関係がどんなに重要であるかをはっきり示すことができなかった――これらの親族との関係は入管法の下では実効的な意味をもたないためだ。〔法律においてに〕子どもの「福利」に特別な重みづけを与えることは、親との関係を含む成人間の家族関係を完全に無視することと結びついている。では友人についてはどうだろうか。政府のチャーター便で送還された人々のなかには、犯罪歴を有する独身の若い男性が幾人かおり、その多くは一〇代後半か二〇代前半だった。誰にとってもそうかもしれないが、とくにこういう状況にある人々にとっては、友人関係は人間どうしのつながりの最も重要なかたちでありうる。ところがそのような紐帯はしばしば「ギャングの集まり」として括られてしまい、相互に援助し気遣《ケ》いあ《ア》うものと定義される友人関係としては扱われない。

ダレル、ミシェル、マイケルは三人とも英国のなかで家族のつながりをもっていたが、しかしそれは〔法律上〕有効とも有益とも認められなかった――犯罪に関与する移民、福祉の手当を請求する移民、セックスを売る移民、ドラッグを使用する移民、それに核家族ではない世帯で暮らす移民にとっては、それが通例である。しかしより大きな疑問が残されている。そもそも権利や保護を訴えるうえで、なぜ家族の一員であることが必要とされるのだろうか。

資本主義のもとでの生活が人々を個人化しバラバラに原子化するとはいえ、私たちはいまなお家族の論理によって統治されている。家族の隠喩をうやうやしく使わずには国民国家について考えたり説明したりすることさえ私たちにはできないらしい。たとえば母国《マザーランド》、父祖の地《ファザーランド》、〔国際社会を意味する〕諸国民から成る家族《ファミリー・オブ・ネイションズ》、祖国＝故郷《ホームランド》といった言葉である。家族と同じように、国民は誰かを歓んで迎え入れたり、あるいは来訪や一員になることを拒否したりすることができる。つまり国民は閉じられ、必然的に排他性を帯びているというわけだ。国民は一つの大家族として想像されるだけでなく、様々な家族から構成される一つの全体としても想像される。ここで思い出す価値があるのは、よく引用されるマーガレット・サッチャーの「社会などというものは存在しない」という発言の直後に、どのような言葉が続いていたかである。それはすなわち「存在するのは個々の男と女、そして家族だけである」（強調引用者）というものだった。家族の制度――単婚で異性愛の核家族――は国民に道徳的枠組みを提供することで、国民をバラバラにする原子化や無秩序や規範《アノミー》の衰退から守るものとみなされる。

こういう次第で、英国の入管法は「児童の最善の利益」〔児童権利条約第三条第一項と同一の文言〕を保障する条項とともに、パートナー（とくに配偶者）同士の「真正かつ実態を伴う」関係を正当なものと認める条項を設けている。それでいてなお英国人のパートナーや子どもをもつ人々が規則通りに送還されてしまうのは、その人たちの「私生活および家族生活」〔次の段落参照〕が適切とも規範的ともみなされない――したがって家族分離を防ぐほどのやむを得ない事情としては扱われない――せいでしかない。

実は、「家族生活」が保護されないことへの包括的な懸念は国際人権法のなかに書き込まれている。国連の世界人権宣言の第一六条第三項は次のように宣言する。「家族〔外務省訳は「家庭」〕は、社会の自然かつ基礎的な集団単位であって、社会および国の保護を受ける権利を有する」(5)。さらに欧州人権条約の第八条は次のように宣言する。「すべての者は、その私生活および家族生活、住居《ホーム》ならびに通信の尊重を受ける権利を有する」(6)。これらの法の条文で明記されている権利は答えよりもはるかに多くの問いを提起する。家族とは一体どんな種類の家族のことを指しているのか。何が家族を自然なものにするのか。そして住居《ホーム》とは一体どのようなものなのか。

リベラル国家に緊張が走るのはここだ。知っての通り、現代の国民国家は入国管理や非市民の権利制限に携わっている。したがって家族や結婚のつながりをつうじて入国し定着する人々の権利を、国民国家は制限したくて仕方がない。そうかといって、リベラル国家は「家族生活」への権利をまるごと無視するわけにもいかない。たとえばの話、市民と外国人との婚姻を全面的に禁止する制度を制定するとしたら、それは極端《エクストリーム》で非リベラルな政策だと広くみなされることだろう。認めないわけにはいかないが制限したいというこのような緊張を解決しようと試みるなかで、国家は考慮に値する家族生活を送る者の範囲に限界を設け、そうやって人々が家族生活への権利にアクセスすることを制限しようとするのである。このように子や親や雇用との「適切な」関係がどんなものであるべきかを決定する過程において、国家はジェンダーとセクシュアリティについての規範的な観念を強化する。

親密さやケアには様々なかたちがある。多くの人にとってはそのうち最も重要な部分を占めるのは配偶者との関係や、他に相手をつくらない性愛《モノガマス》パートナーとの関係、あるいは一八歳未満の子どもとの関係であるのかもしれない。けれども他の多くの人々にとっては違うかもしれないのだ。そもそも先に挙げた関係がどうして最も重要な関係であるべきなのか。選択家族〔同性愛者などが血縁ではなく意志にもとづいて形成する家族〕についてはどうか。友人や仲間、知人や親族については。もし仮に友人《フレンドシップ》ビザのようなものがあったならば、入国管理というものは崩壊してしまうだろう。この仮定の話は、多様な親密性のかたちをよりいっそう広範に価値づけることによって何が得られるのかについて、重要なことを教えてくれる。二〇一一年当時、内務大臣テリーザ・メイは、一緒に暮らす猫との関係を理由にして送還を回避した「不法移民」がいたと公言したことがある。この話は明らかに虚偽であった――「柔和な感じの《ソフト》＝騙されやすい《タッチ》」英国なるメイお得意のレトリックの一環にすぎない（「柔和な」という言葉がもつジェンダー化された含みに注意せよ）。でもそれはともかく、私たちは一緒に暮らす猫との関係が何がしかを意味するような世界に暮らしてみたいとは思わないだろうか。私たちが場所や記憶に対してもつ個人的な、主観に埋め込まれた《イントラサブジェクティヴ》関係についてはどうだろうか。送還を回避するためには、人が出会いうる存在としての他者（それは現時点では人間に限定されているが）とのあいだに自分が築いた関係の強さを証明しなければならない。けれども、ある場所に私たちが留まりたいと望む理由は、単にその場所に馴染みがあって、そこにいるのが好きだからというだけで十分なのかもしれない。

ここには警戒を要する点がある。私たちは改革のために闘うのと同時に、国家に対してもっと多様な家族構造を認めよと要求しているのかもしれない。しかしこれにはリスクが、すなわち、より多くの種類の関係に効力を与えよと国家に要求しながら、非異性愛規範的な生を生きている人々のより広範かつ詳細な地図を国家が利用することを——さらにはこの地図を支配することすら——許してしまうリスクが伴う。難民申請や家族および私的生活に関連する申立てにおいてセクシュアリティについて下される決定は、親密な関係の質や性格を把握し、評価しようとする点において、すでに信じがたいほど侵襲的である(クィアの難民申請者の性生活についての屈辱的で露骨な質問は、ここで示しうるもののなかで最も顕著な一例をなすに過ぎない)。人は私生活という親密な領域の生々しい絵図を提示するように義務づけられることなく、送還の脅威から解き放たれて自由に移動できるようになるべきである。国境廃絶のために活動する者は、このことを活動において前提とすべきだ。つまり、先にも述べたことだが、監視し、収容し、送還する国家の権力を削減しつつ、人々が移動することを可能にする権利の領域を同時に拡大していくこと——たとえばさまざまな形態の権利の制約条件や従属の削減および廃止をつうじてそうすること——が国境廃絶の原則的戦略となるはずである。

4　家事労働とセックス・ワーク——労働者として数えられるのは誰か？

移民の女性は自らの権利を主張するとき、しばしば妻、母、そして／あるいは犠牲者としてそうするよう余儀なくされる。しかし明らかに、多くの女性は基本的には男性と同じ理由で移住する——つまり働くために。それにもかかわらず、女性が労働者として権利を主張する能力は大幅に制限されていることが多い。その理由は、おもに女性が担う労働部門はしばしば「まともな」仕事とは考えられていないからだ。とりわけ家事労働とセックス・ワークにかんしてはそうである。

フェミニストが長きにわたって論じてきたのは、家庭《ホーム》における女性の仕事がいかに自然化され、卑しめられ、そして過小評価されているのかについて、そして妻／母が家事をすべてこなすことをひたすら期待されていることについてであった。家事労働はケア労働、つまりは「愛の労働」として構築される。それは家庭という、私的な領域の内部で営まれるので、労働市場における正式な雇用関係には服さない。[7] だがもっと貧しい階層のしばしば人種化された女性が、この家事労働に雇われた場合にはどうなるか。ブリジット・アンダーソンが指摘しているように、「〔雇用される家事労働者が〕外国人であることは、〔労働契約という〕市場の関係が家庭内に持ち込まれるせいで、雇用者や使用者《ホスト》家族が心の奥底で生じる不快感にうまく対処するうえで利用できるものなのだ[8]」。移民の家事労働者にとって雇用関係を独特なものにしているのは、何が仕事で何が気配り《ケア》とみなされるのかの線引きをめぐる緊張関係であり、そして雇用と家族関係の境目が不明瞭になることとである。

　住み込みの移民の家事労働者はしばしばホスト家族から「家族の一員」であると思われているが、これは雇用者にとって最も好都合な考え方であることがわかる。それはつまるところ、もしホスト家族があなたを心配していて、絶望的な状況に置かれた貧しき第三世界の女性であるあなたを雇ってあげているのかもしれないなら、その時あなたの時間外労働は実際には残業にならないということだ。移民の家事労働者はしばしば国の最低賃金規制やその他の労働市場を保護する措置から排除されているが、その理由の一端は、仕事とケアの、そして公と私の境目の、以上のような曖昧さにある。国家によって政策が異なっているとはいえ、しかし数多くの住み込み家事労働者にとって、ビザが特定の雇用者に紐づけられている点は共通している。ビザを雇用主と紐づけるこのような手口こそ〔⇩用語集〕、極端に酷いかたちをとった搾取と虐待の条件をつくりだすのである。このような雇用とビザの結びつきこそが、世界各地の移民の家事労働者にとって闘争の要でありつづけてきた。

一九九〇年代の英国では、移民の家事労働者が、より規模の大きな労働組合運動と協力して、雇用者を変更する権利を求めるキャンペーンを展開した。そこでの要求は、家族の一員ではなく、独立した労働者として扱えというものだった。ところが問題は、〔家事労働者に限らず〕移民労働者は一般的に皆が雇用者変更を許可されていなかったことであった。そのため移民の家事労働者は、その他の移民労働者と同様の扱いではなく、むしろ例外的な権利を、つまり家庭《ホーム》のなかでは労働者は物理的虐待や搾取に対して脆弱になるという事情にもとづく権利を要求した。これは極めて大きな成功を収め、一九九八年には移民の家事労働者は雇用者を変更する権利を勝ち取った。もしもこれがあらゆる移民労働者に雇用者変更の権利を認めさせるキャンペーンだったなら、確かに勝利ははるかに困難であったろう。けれども問題は、実際に行われたこのキャンペーンでしばしば利用されたのが、残酷に扱われる移民の女性と、通常は中東出身者として描かれた野蛮な外国人雇用者という変わり映えのしないイメージだったということだ。言い換えれば、雇用者変更の権利が家事労働者に認められたのは、それが他のどんな職種とも違いのない仕事だったからではない。むしろ逆に、家事労働は他の職種とは違うという理由からであった(9)。

それから一四年後の二〇一二年、当時の保守党と自由民主党の連立政権は雇用者を変更する権利を家事労働者から再び奪い取った。明らかにこれは悪いニュースだった。英国の慈善団体カラヤアンが明らかにしたところによると、ビザが雇用者と紐づけられた労働者は雇用者変更が可能な者と比べて、各種の虐待がざっと二倍も多かった。二〇一二年以降、移民の家事労働者が雇用関係から合法的に抜け出すことができる唯一の道は、「現代奴隷制」の犠牲者として認定される場合のみとなった。現実問題として、それは全国付託メカニズム〔⇩用語集〕によって自分の情報を警察と内務省が把握できるようにすることを意味したが、ただし同メカニズムをつうじて付託の対象になる者の全員が犠牲者と認定されるとは限らない。実際のところ仮に（潜在的な）犠牲者として認定される場合でも、長い目で見れば、非合法にされ収容され送還されることからの保護が得られる保証は少しもない。

以上のような文脈において必要となるのは、更なるキャンペーンを展開して、移民の家事労働者の雇用者を変更する権利を復活させることだ――カラヤアンやその他の団体によって取り組まれているように。しかしながら鍵となる問題は、そのような要求をより大きなキャンペーンのなかに統合して、雇用主に紐づけられたビザをどんな形態のものであれ廃止させる運動を展開できるかどうか、そのためにはどうすればいいかである。もしも最新のニュース報道や選挙サイクルが抱えている短期主義という限界を〔短期的には実現困難な〕廃絶主義の要求が克服しうるものだと認めるならば、私たちは入国管理の内部に存在する従属のあらゆる形態に終止符を打つために闘う必要があるし、さらには非市民をもっぱら労働力の担い手という観点からしか定義しない入管制度の様々なカテゴリーそれじたいの粉砕をめざして闘わねばならない。

国境廃絶に取り組むならば、セックス・ワークを非犯罪化する呼び声にも加わらねばならない。セックスを売る移民は、極端な搾取と暴力の状況から脱出しようとするときには何重もの障害に直面するのだが、それはかれらが携わる仕事と法的地位の両方が犯罪化されているせいである。ジュノー・マックとモーリー・スミスはこのことを明確に主張している。

〔移民の〕セックス・ワーカーが直面する問題の解決策には、入管法の執行機関と軍事化された国境体制との解体が含まれる。この両者とも、無登録者を社会の暗部に追いやり、安全や司法へのアクセスを遮断するからだ。言い換えればこうである。警察から権力を奪い取って、移民と労働者に与えよ。(10)

マックとスミスが説得力ある言葉で論じているように、移民のセックス・ワーカーにとっての脆弱性の主要な源は、まさしく送還と警察権力に対する脆弱性にある。一部のフェミニストが、特定のセックス・ワーカーが受ける惨めな苦しみや、顧客が内面化しているミソジニー〔女性嫌悪〕と特権意識を強調しつつ、セックスの売買行為そのものにばかり相変わらず気を取られている一方で、マックとスミスは移民のセックス・ワーカーにとっての最良の支援が〔セックス・ワークの〕非犯罪化と暴力的な入国管理の廃止によって可能になることを説明する。国境は移動を妨げ、合法的な雇用を求めるのを妨げ、そして社会的権利にアクセスすることを妨げるが、このことは非合法化された多くの移民にとって、それじたいが犯罪化された部門であるセックス・ワークを、残された最後の生存手段の一つに変えてしまう。マックとスミスが思い起こさせるように、より多くの法律、より多くの警察、そしてより多くの入国制限に重きをおく解決策は、セックスを売る移民を常に見捨てることになる。(11)

5　犠牲者扱いではなくエンパワーメントを

ジェンダーについて考えることは、女性について考えることと同義ではない。それにもかかわらず、移民アクティヴィズムに多く見られるリベラル諸派が展開するキャンペーンは、入国管理が悪いのはとりわけ女性にとって悪いからだ、という感覚を中心に組織されている。たとえば女性被収容者の大半を収容するヤールズウッド入管排除センターをめぐっては、英国内の他のどの収容センターよりも多くのキャンペーンとメディア報道が行われてきた。ヤールズウッドが悪名高いのにはもっともな理由がある。すなわち職員による性的虐待が繰り返し報告され、建物の外では連帯のプロテストが大規模に組織され、そして被収容者のグループが自ら政治的アクションやハンガーストライキを組織してきたからだ。これらのアクションを組織している人々が断固として、数ある収容センターの全施設を閉鎖させることを要求として掲げてきたのにもかかわらず、公衆の大多数は入管収容施設〔⇩用語集〕の名前としてヤールズウッドしか聞いたことがないほどである。ヤールズウッドにかんするメディア報道の大半が焦点を当てるのは、レイプと性暴力を経験した女性である。そうすることで被害者女性のトラウマや苦しみという、彼女たちの権利を要求するための基礎が提供されるわけだ。

ここに危うさがある。ヤールズウッドの女性が、自らの自由のために活動する人なのではなく、救出されるべき犠牲者にされかねないからだ。惨めな犠牲者としての黒や褐色の肌の女性のイメージは、リベラルな白人フェミニストにとっては抗いがたいほど強く訴えかけるものらしい。しかしこのイメージはかえって男性およびジェンダー・ノンコンフォーミングな人々〔異性愛中心的なジェンダー規範に対して何らかの意味で非順応的な人々〕のあいだでもレイプや性暴力が広く経験されていることを見えなくする。ここで作用しているのは一種のジェンダー例外主義であり、その有害さは国境に反対するいっそう幅広い闘争のなかで明らかにしうるだろう。しかし二〇一八年二月にヤールズウッドで実行に移されたハンガーストライキでの女性の要求に目を向けることで、別の進路をとることができる。(12)

ヤールズウッドに収容された人々のハンガーストライキが要求として掲げたのは、司法へのアクセス、無期限収容の廃止、保健医療の改善、チャーター航空機による一斉送還の廃止、そして再収容の廃止であった。これらのストライキは自ら掲げた要求をヤールズウッドだけに限定しなかったし、そこで用いられた言葉は「人々《ピープル》」であって「女性」ではなかった。レイプのサバイバー〔性暴力などの困難の経験があり、しばしば後遺的な苦難に対処しながら生活を続けている人を指す〕については再度の収容によって再び心的外傷を与えるなという具体的な要求がストライキでは掲げられた。彼女たちはまた、LGBTQ+の人たちの話が〔当局から〕いかに信用されていなかったかについて、そして一部トランスジェンダーの被収容者に対してホルモン治療が中断されていたことについても抗議した。家族は引き離されてはならないことも、そして子どもの頃に渡英したか、あるいは英国に一〇年以上居住していた人には一律にアムネスティ〔在留正規化、合法的移民としての登録〕が認められるべきことも要求として掲げられた。女性たちのストライキが掲げた以上の要求のすべては、他の大多数の入管被収容者にとっても、つまり男性や、同じ状況および強制退去という同じ壊滅的脅威に直面していた被収容者たちにとっても有益であっただろう。

このことが示すように、複合的に抑圧された人の視点から、万人のためのより大きな自由へと歩みを進める方向で権利を主張することは可能だ。これこそが今なおブラック・フェミニズムからの贈り物でありつづけているものである。白人のリベラル・フェミニズムが慈善、人道主義、救出に動機づけられるところで、ブラック・フェミニズムは集団的な自由《リベレーション》の実現と解放《エマンシペイション》を強調する。驚くべきことではないが、救出を旨とするリベラル政治がとりわけ国家に親和的であることは既に判明済みである。このことは人身取引と現代奴隷制の撲滅を目指す政治において今日最も如実に現れている。

「人身取引」や「現代奴隷制」対策を謳う宣言や政策が世界的に盛んになっているが、それらは「不法移民」撲滅のためのますます暴力的で無慈悲かつ地球規模になりつつある様々な措置と手を携えながら発展してきた。「反人身取引」活動の核心に位置づいているのは監禁的かつ処罰的な論理である。そこでは国家とは善をなす力であり、悪玉から善玉を守るものだとされている。ブリジット・アンダーソンが述べる通り、「人身取引とは、NGOと活動家と国家の稀にみる共通基盤であるようだ」[13]。以上のような事情があればこそ、国境こそがある種の虐待に対して人を脆弱にするという事実を私たちは引きつづき主張し、人々の眼前に突きつけていかなければならない——非市民を非合法化することによって、無防備で危険な、しかもしばしば借金せずには済まない旅路を選ぶよう強いながら、さらには無登録移民を非公式かつ犯罪化された経済で生計を立てるよう駆り立てながら、国境は人を虐待に遭いやすくしているということを(ここで留意すべきは、麻薬を売る移民とセックスを売る移民とは、ジェンダー化されるやり方が異なっているとはいえ、よく似た力によって縛られているという点である)。

問題なのは、人身取引と奴隷制の撲滅という名のもとに国境が新たな正当性を獲得することで、助け出す相手とされている当の人々に害が及ぶということだ。たとえば入管当局の摘発が「人身取引に遭い」「奴隷化されて」いる人々が働いたり暮らしたりしていると疑われる場所を狙うとき、当局が発見するのはほとんど常に犠牲者よりも入管法違反者なのである。このように救出の任務は執行機関による一掃作戦に酷似している。さらに人身取引や奴隷制の取り締まりにおける道理として個々の暴力的な男性——あの浅黒い肌の人身取引斡旋者というお決まりの登場人物——は送還されねばならない。しかし監獄廃絶論者が示してきたとおり、親密な関係下で起こるジェンダー化された暴力の圧倒的大多数は国家にとって見えないか、見えたとしても真剣に扱われることさえない。男性が女性を虐待してきた場合でさえ、その男たちを収監し送還することは効果的な救済をもたらさない。それはただ問題を消し去り、その処理を外部に委託するだけだ——送還の場合であれば別の国家の領土へと。

政治的戦略の観点から見れば、ここには緊張が生じつづけている。人身売買と奴隷制の言語にはきわめて深く用心すべきであるとはいえ、選択肢がごく限られている人にとっては法的な救済への道を提供するわけである。エヴァ・カラドナが説明する通り、

移民にとって就労するとき問題となるのは、それがいかなる仕事であろうと、およそ人が犯しうるなかで最も憎むべき反国家犯罪だとしばしばみなされることである。もしも仕事をしているところでその現場を押さえられたならば、応急的な生き残り戦略として最善なのは、働いてなんかいないと、実はそうするように強制されていたのだと主張することである。かんたんに言えば、人身取引に遭った女性と定義された場合には幾許《いくばく》かの権利と資源へのアクセスとを手に入れるが、

移民のセックス・ワーカーと定義される場合にはそうならない、というわけだ。(14)

これは非改良主義的改良を追求する者にとって常に付きまとう問題である。つまり、不十分なものでしかないとはいえ、現状で与えられている保護を国家に剝ぎ取られることなしに、ラディカルな要求を突きつけていくにはどうすればいいのかという問題だ。

すべての答えを持ちあわせているなどと公言するつもりは、著者たちにはない。だが、長い目で見れば、犠牲者性や苦しみや救出にまつわるジェンダー化された物語から離れていく必要がある、ということは分かっている。「現代奴隷制」と「人身取引」の言語および政策は移民制限主義的な国家にとてもよく役立っているようであるから、それらを手助けし、そうすることで正当化してしまうことは、可能な限り常に回避する必要がある。そのかわりに、より一般的な権利要求をおこなっていくべきだ。その方法は、不安定な法的地位で暮らし、働いている移民たちが、多くの場合は「労働者」として権利を主張することによって示してくれている。セックス・ワーカーの抗議行動が与えてくれた洞察は、より広範な移民の闘争一般に適用することができる。すなわち、就労の犯罪化を終わらせ、警察と入管の摘発を止めることだ。これらの即時的で単純な要求は、ラディカルでありながらも、移民が被る脆弱さからの保護への最も見込みある約束を与え、犯罪化され非合法化されたあらゆる人々の自由を拡大するものだ。

究極的には、国境の廃絶を望むのであれば、権利と保護へのアクセスを制限する法的カテゴリーを粉砕する必要がある(そしてカテゴリーを木端微塵にするとは典型的にクィアな実践なのである、もしもベル・

フックスにならって、クィアであるとはつまるところ「自分の身のまわりのすべてのものと折り合いが悪いので、しゃべったり育ったり生きたりするための場所を発明し、創造し、発見しなければならないような、そういう自分を生きるっていうこと」だと理解するならば[15]。各々の人間はいつだって「労働者」や「配偶者」や「難民」以上の存在なのだから、移民の権利の擁護者はこれらの法的分類からは批判的な距離を保たねばならない。送還が間違っているのは、たんに家族を破壊するからでなくて、強制的な追放それじたいが根本的に許容できないものだからである。収容が不正であるのは、被収容者のなかに拷問のサバイバーがいるからという理由だけでなく、人を監禁することそれじたいが拷問の一種だからである。入管法上で保護に値するとされている限定的なカテゴリーには、ジェンダー化された意味合いが明らかに含まれている。人々が自らを偽装ではない「配偶者」や、ふさわしい「親」や、れっきとした迫害の「犠牲者」として〔国家にとって〕読み取り可能な存在になるべく努めるとき、脆弱性や依存や行為主体性の欠如にまつわるジェンダー化された観念が再生産される。明らかに私たちはこれら一連のカテゴリーを一つ残らず明日にでも片付けてしまおうと望んでいるわけではない——それらがどれほど限られた保護しか提供しないとしても。しかし「労働者」や「配偶者」や「犠牲者」というカテゴリーから排除された人々の闘争を——クィアの人々、セックス・ワーカー、それに「ギャングの一味」でさえをも——中心に据えてこそ、私たちは最善のやり方でラディカルな諸要求を発展させ、そして廃絶主義的改良とはどんなものであるのかを見定めることができるのだ。

第三章　資本主義

1　資本主義とは何か？

自由な移住とは、ただ単に自由貿易を労働に適用したものにすぎない。

ブライアン・カプラン、『国境を開こう！』〔Z・ウェイナースミスとの共著、御立英史訳、あけび書房、二〇二二年〕の著者

国境を開放せよ。そうすれば、自由移動の世界は七八兆ドルも多く儲かることだろう。

『エコノミスト』誌

『エコノミスト』誌や世界銀行みたいな方々、そしてブライアン・カプランのような評論家は、「開かれた国境《オープン・ボーダー》」についての議論を、国際移住が「経済発展」にとって良いのかどうかという問題に帰着させる傾向にある。そこで立てられる問いはこんな感じだ。国際移住が進むことで産業全般の生産性は増大するのだろうか。どうすれば国際移住を受入れ国と送出し国の双方にとって有利にすることができるのか。この種の経済学者的思考は「管理された移住」を目指す支配的な政策手法を下支え

しているが、そこで追求されるのは、受入れ国家での国民経済の発展であり、送出し社会での「開発」の促進である。なかには自由移動が市場の効率性と生産性の増大を可能にすると論ずる者もいるが、そこでいう自由移動とは人間についてのものではない。あくまでも(無権利な)労働の自由移動についての議論なのである。これに加えてそのような議論では移民による故郷《ホーム》への送金にも注目が集まっている。移民の送金が開発の進行を援助するというわけだ。ところで私たちがまず最初に問い質さねばならないのは、以下のような問いである。「開発／発展《ディベロップメント》」という言葉は一体何を意味しているのか。国民どうしの間に存在する巨大な不平等についてはそもそもなぜ誰一人として問おうとしないのだろうか。移住を支持する自由市場論者にとっては、「開発《ディベロップメント》」とは資本主義の発展《ディベロップメント》を、またしたがって人間よりも利益を優先することを意味する。国境廃絶論を上記のような「開かれた国境」論と区別する必要があることは明らかだ。そして両者を区別するには資本主義と入国管理の関係についてのさらに批判的な説明が求められる。

資本主義とは、私有財産を所有し、市場でモノやサービスを交換することで、人が私益を合理的に追求することができるような経済システムのことである。支持者にとって資本主義とは、人身の自由と私的な自由を保障すると同時に、モノやサービスの最も効率よい分配を促進することをつうじて［社会］全体の富、繁栄、成長という観点からみて最良の結果を生産するものである。それゆえこの経済システムのもとにあるリベラル資本主義の国家および国際機関の役割は、私人としての市民の権利を保護し、市場が適切に機能するために必要な環境の秩序を維持することにある。

資本主義の批判者にとっては、とりわけマルクス主義者にとっては、市場があるところでは平等に交換が行われるという支配的な考え方は、生産の物質的諸関係と生産手段を剝奪された賃金労働者の搾取とを覆い隠すものである。資本家は生産手段を所有しており、労働によって生産された価値量と実際に労働者に支払われる賃金との差額から自らの利益を引き出す。資本主義は生産手段の所有者――つまり資本家――と他の全ての者との間に、巨大であるどころかますます拡大する不平等をつくりだす。地球規模のシステムとして、資本主義は絶え間なく成長することが必須であるために、新たな市場をこじ開け、拡張しなければならない。つまり万物が商品化されねばならない。まさにこのような理由で、地球に暮らす大多数の人々は、基本的生存にとって必要なモノ――つまり食料、水、屋根のある住居、電気、などなど――を得るためにはお金を支払わねばならないのである。こうして地球に暮らす大多数は自らの再生産と生存《サブシステンス》の手段を剝奪され、労働力を売ることを――つまりは搾取されることを――余儀なくされる。さもなくば、非公式の労働市場で生計を立てるしかない。このシステムのなかでの国家の役割は、資本蓄積（営利という別名で知られている）が円滑に機能することを保証することにあり、さらには支配に対する同意を被抑圧階級のなかに再生産すること（しばしばヘゲモニー〔イタリアのマルクス主義者アントニオ・グラムシの用語で同意による支配を意味する〕という語で示される）にある。

もちろん資本主義は、時間的および空間的な変化のない静的なものではない。イングランド北部での初期の産業資本主義と二一世紀のギグエコノミー〔従来の雇用とは異なりオンラインプラットフォーム等で単発の仕事を請け負うことで成り立つ経済〕とは非常に異なる方式で動いている。同様に、大西洋奴隷貿易の盛期に砂糖プランテーション経営や海運保険会社が及ぼした影響は、現代のメガシティで不動産開発業者や金融派生商品のトレーダーが果たしている役割と等しくはない――両者とも各時代でのグローバル資本主義の具体的なあり方を形作ってきた点では同じだとしても。しかしながら、どんな形態の資本主義であろうと共通して依拠しているものがある。それは人々の間に集団的な差異を生産し、つくりだした差異を管理することなのである――とくに人種的差異、国民間の差異、そしてジェンダー化された差異を（読者は本書の資本主義、レイシズム、ジェンダーにかんする三つの章が必然的に重なり合っていることにお気づきであろう）。こうして資本主義は、現在も過去にもずっと地理的に不均等だったのであり、人種化された区分と階層秩序とを生産し拡大させてきた。

　マルクスが著したのは、幼年期の資本主義の発展が民衆の土地の暴力的剝奪にどれほど依拠していたのかであり、そのような収奪のせいで人々はどのようにして無産者となり自分自身の労働力を売るしかない状況に追い込まれたのかについてであった（このような過程をマルクスは本源的蓄積（土地と労働力の歴史的分離過程のこと）と呼んだ）。イングランドの文脈では、この収奪は共有地《コモンズ》の囲い込み《エンクロージャー》を伴った――土地のアクセスと使用の共同体的権利を取り除き、土地を地主または借地人の排他的使用のために確保するべく私有財産として領有したのである。しかしグローバルな観点に立てば、資本主義の発展を可能にした諸条件には、征服、ジェノサイド、奴隷化が含まれる。たとえば砂糖、タバコ、綿花のグローバルな生産は、まずは南北アメリカ大陸《アメリカス》で人々の土地を掌握し、次には数百万人のアフリカの人々を誘拐、奴隷化して、グローバル市場で換金可能な商品を生産するための労働に束縛するということに依拠していた。言い換えるなら、窃盗、殺人、征服、略奪こそが自由市場、交換、賃金労働、私有財産からなる世界を形成したのであり、そしてこのような世界形成的過程がいまもひきつづき、人種化されたグローバルな不平等の地理的分布を形成しているのである。

もちろん、私たちはいまや植民地支配以後《ポストコロニアル》の世界に生きている。この世界では、公式の人種的な支配は不法なものと考えられているし、そして人種的な差異と階層秩序を明示的に定めた立法はたいてい廃止されてきた。しかしながら、植民地主義が作り上げた世界は変革されることも修繕されることもなかった。そしてよりいっそう不平等になっていく世界においては、人生を左右する幸運や不運は人種間および国民間で不均衡に配分されている。公式の権利と承認とを求めた闘争が数多くの成功を収めたにもかかわらず、植民地主義がこしらえた構造的な不平等は残存しており、入国管理と制限的シティズンシップ体制を媒介として、より間接的なやり方で作用している。ここに現代の世界秩序を人種的もしくはレイシズム的なものとして描写してよい理由の一つがある。つまり国民国家どうしを隔てる国境こそが植民地主義により形成された階層秩序を永続させているのである。

重要なことは、以上に述べたような人種化されたグローバルな不平等が、資本の可動性《モビリティ》と労働の不可動性《イモビリティ》との矛盾によって維持されているということだ。資本が追求するのは、利潤を蓄積する妨げになる制限的な国民経済保護政策を打ち負かすことである。それゆえ大企業は――そのほとんどがグローバル・ノースで設立され、そこを本拠として操業するのだが――南の国々の天然資源へのアクセス権を主張したり(たとえば鉱山会社)、南の現地市場で自らの生産物(工業製品、食糧生産物、金融サービスなど)を販売する権能を要求したりする。このようなやり方によって資本は(相対的に)自由に移動することが可能になり、人間には否定されている一種のボーダーレス化を追い求めるようになる。もちろんこの世界秩序には自然なところなど何もない。資本が容易に移動できるのは、グローバル・サウスのローカルな経済と生存様式とを守りうる様々な規制、関税、保護を、まさしく強力な国家や企業や国際機関が強制的に除去してきたからに他ならない。このような規制解除の過程は「新自由主義」と呼ばれるものの中心をなしている。

その一方では、労働は閉じ込められ、そして地球に暮らす大多数は生活手段が相対的に欠乏している場所にいながら移動を封じられている。ここで重要なのは、国民的、人種的および文化的な差異についての諸観念が、先に述べたような〔資本が移動可能なのに対して労働力は移動や逃亡を封じられているという〕矛盾を正当化するということである。人種と国民をめぐる神話——特定の人民は特定の場所に属すると主張するもの——が不均等発展とグローバルな貧民の移動／逃亡の封じ込めを正当化する（第一章参照）。制限的なシティズンシップと入国管理体制によって、グローバルな貧民の大多数はいまいる場所に留まっているように強いられており、そこでより低い賃金を（あるいは全くの無賃金を）受け入れねばならない。グローバル・サウスからグローバル・ノースへの移住を試みる場合には、人は一時就労や無登録あるいは非合法の労働力として、権利制限を受けながら移動する。したがって国境は、移民労働を受け入れて依存する側の国々において区画化された労働市場および人種化された過剰搾取の諸々の形態をつくりだす。[1] ルース・ウィルソン・ギルモアが言うように、「資本主義が必要とするのは不平等であり、レイシズムはその不平等を神聖化するのである」[2]。レイシズムが不平等を神聖化する様式についていかなる説明を与えるにせよ、国境が人種的資本主義《レイシャルキャピタリズム》を組織していく際に果たす役割を考慮に入れねばならない——ローカル、ナショナル、グローバルというそれぞれ異なる尺度において。

2 入国管理と労働

英国がEU離脱を決める投票を終えてから二週間が経った二〇一六年七月四日、目抜き通りに複数の支店を構えるバイロンバーガーで勤務する労働者たちは、朝から店舗に呼び出された。安全衛生にかんする会合がある、と伝えられていた。店舗内の奥まった部屋に入るや否や、現れた内務省移民法執行局の職員に詰め寄られて、登録証の提示を要求された。そこにいた労働者のうち三五名が――ブラジル、ネパール、エジプト、アルバニア出身であったが――その時逮捕され、後にその多くが送還された。(3) フードデリバリーサービスのデリバルーやロンドン大学東洋アフリカ研究学院(SOAS)が以前そうしたようにバイロンバーガーもまた、そのようにすべき法的義務など無いのにもかかわらず、自社にいる無登録労働者が誰であるかを特定し、またこの事件では労働者を罠に掛けることで、求められる以上の支援を内務省に与えたのだった。(4)「敵対的環境」政策〔詳しくは第五章の第2節参照〕の下では、雇用者は国境警備官のようにふるまう代行者に仕立てられ、そのうえ有効な「就労権」の確認を怠ったまま無登録労働者を雇用していたと判明した場合には、潜在的には上限のない罰金または最高で五年の収監に直面する(だがこれは、自社の労働者を当局が陰でこそこそ摘発するのにわざわざ便宜を図る義務を負うほどまでのものではない)。

以上述べたような雇用する側への制裁が執行される頻度は、多く見積もっても時々でしかない。しかし非合法に働く方は、それじたいが英国では無登録の被雇用者にとって刑法上の罪となり、最長で五一週間の収監または罰金、またはその両方を科される可能性がある。その一方で、就いている仕事が「人材不足職種リスト」に載っているか雇用主に身元引受されている〔労働ビザのある〕移民労働者の場合はどうかというと、自分のビザによって拘束されている。それはつまり職を失えばただちに法的地位も失うということだ（たとえば合衆国やカナダで一時就労移民という地位の下で働く労働者のように）。他方で海を渡ってやってきた〔移民の〕家事労働者の場合には、雇用者を変更する権利を全く有していない。難民申請者はといえば、正規の労働市場から完全に排除されている。これらに加えて、労働ビザを有する移民の多くが所得税やその他の税金に上乗せしてかなり多くの金額を、国民保健サービスのような必要な公的サービスにアクセスするために支払わなければならないのに、福祉支援からは「公的資金に一切頼らないこと」を謳う移民法の規定によって排除されているのだ。

誰であろうと労働者の権利について真剣に懸念している者は、この手の様々な国境統制が雇い主の側の支配を強めるだけであり、あらゆる労働者の雇用条件悪化を容易にすることを理解する必要がある。移民は入国管理に対して――とりわけ送還の権力に対して――脆弱であるからこそ、特に従順で搾取されやすい存在にされてしまうのだ。移民労働者が賃金を引き下げているのではないかという――右派だけでなく一部の左派にも人気のある――示唆は、入管システムが労働者をより不自由にし、労働者としての自分の権利を主張する能力を掘り崩している事実を説明し損ねている。もしこの国に留まる権利が特定の職業に就いているかどうかに依存するのならば、そしてもし「不法」になることが貧窮と送還の脅威に直面することを意味するのならば、賃上げを要求したり安全ではない労働慣行を非難したりすることは極めて困難になる。同じように、国から支払われる微々たる額の支援金（英国では週に三五ポンド）では生きていけない難民申請者やいわゆる「就労権」を持っていない移民が非公式の労働市場に追いやられるならば、搾取的慣行を暴露したり警察を呼んだりするというのは、警察沙汰になれば入管法の執行機関に通報されるだろうと見込まれるのだから、まったく選択肢ではなくなる。したがって仮に移民労働者が実際に賃金を引き下げるとしても――この主張が経験的にはどれほど疑わしく思われるにせよ――その度合は、過剰搾取に対する移民の脆弱さの帰結である。しかもその脆弱性は、移民の不安定でときに「不法」な入管法上の地位に起因するのである。[5]

ここで改めて述べておく価値があるのは、よりよい労働条件をもたらすのは労働者階級の闘争であるという左派政治の原則である。賃金の額は単純に供給と需要によって決定されるという常識的主張の普及――そのおかげで移民労働者の供給を増大させれば賃金は下落するという話が成り立つ――にもかかわらず、実際に賃金の額を決定しているのは集団的に闘争する能力の有無なのだ。左派が「需要と供給」をめぐる諸観念を受け容れてしまうならば、労働者の行為主体性と闘争がもつ可能性と力を否定することになる。端的に言えば、すべての人のためのよりよい賃金の実現は、集団的に抵抗する能力次第なのである。だからこそ、この抵抗する能力を移民も含めたすべての労働者のあいだにつくりだすことが死活問題になる。入国管理はそのような能力を弱めるにすぎない。したがって、不安定な移民労働者の権利と労働条件のための闘争は、働く者全員の運命を向上させることができるのである。そしてこれを実行に移す最も効果的な方法は、移民を包摂する労働組合の力を形成することだ。

しばしば労働組合は種々の有害なレイシズムの主な担い手であった。英国と合衆国の双方で、それぞれユダヤ系と中国系を標的にしながら最初の入国管理が導入されたとき、組織労働者はそれを助けた。しかし労働組合はまた反レイシズム運動の中心でもあり続けてきた。英国で一九七六年から七八年にかけて行われたグランウィックのストライキは、東アフリカからやってきた南アジア系の女性が主導的役割を果たしたのだが、それは正当にも次のように讃えられている——すなわち、このストライキが「女性移民労働者の権利を支持するために人種も背景も異なる人々を一つに団結させ、英国内のアジア系女性に対するステレオタイプを粉砕し、労働組合運動の相貌を一変させた」と。[6] たとえこのストライキが結局は失敗に終わったにせよ、全国各地から数千人の組合員が集団ピケ［スト破りを職場に入れないよう阻止すること］によって一連のストライキを支援したのだった。

労働組合は、集団的な要求を発展させ明確に表現するための空間と構造を提供する。社会が人種差別的であるならば、集団的な要求は不可避的にレイシズムに対して立ち向かうことになるはずだ。それどころか労働組合は、職場における反レイシズムの諸課題をめぐって協議や集団交渉という手段をとりうる。たとえば教員は組合での活動をつうじて、警察を学校から追い出し、教育にかんするデータを入管法の執行機関が利用するのを阻止し、あるいは対テロ立法にともなう学生の監視の要請に、しかもその大半がムスリムの学生を対象とするような監視の要請に従うのを拒否することができる。上記のような諸実践に対する抵抗を職場で組織することをつうじて、労働組合は雇用者や政府の人種差別的方策とは反対の立場をとることができる。より一般的には、労働組合は幅広い反レイシズム運動における重要な結節点をなす——つまり組合はキャンペーンを支持し、プロテストを組織し、またそれに参加し、そして人種化された不平等が確かに存在することの証拠を集めて強化するのである。

ところが不幸なことに労働組合は、職場や組合じしんの内部で人種差別を経験している組合員の労働者を支援するという自らの使命をしばしば果たし損ねている。それゆえに、不安定および非合法な地位にある移民を支援するか否かという、またいかに支援すればよいかという問題は、特に物議を醸してきた。英国の文脈では、労働組合の重要人物のなかには反移民的な物語を積極的に再生産してきた者もいる。英国の最大の労働組合であるユナイト・ザ・ユニオンの指導者レン・マクルスキーは二〇一六年、EU内部での自由移動を廃止すべきという持論を支えるために「労働者階級の懸念」を引き合いに出して「労働の供給が統制され共同体が安定しているときには、いつだって労働者は最善の成果をもたらしてきた」と主張した(7)。しかし他の大きな主流の労働組合――最大の公務員労組ユニゾンや鉄道海事交運労働組合(RMT)など――は相当な努力を重ねながら、より良い支援と移民労働者に提供し、さらには「敵対的環境」に抵抗してきた。事実これらの著名な組合の内部には、組織活動に取り組んでいる移民労働者が多くみられるのである。

それにもかかわらず、主流の労働組合のなかで移民労働者が代表されることがあまりに少ないという状況が続いている。その大きな理由は、移民労働者はたいてい最も保護されていない労働部門で働いているからだ――組合が貧弱にしか組織されていない一時雇用の職種および/またはゼロ時間契約〔臨時の日雇いのように、週や月ごとの最低労働時間を保証せずに仕事をあるときにだけ提供するという契約〕で働くことが多いのだ。英国では、より小規模な独立系の労働組合――世界の声連合ユニオン(UVW)や英国独立系労働組合(IWGB)のような――こそが移民を最もよく代表してきた。つまり、この仕事では個々の職場や労働者グループのなかで移民を組織していくことが求められるが、それにもっとも成功してきたのが独立系労組である。たとえばロンドンの様々な大学で働く清掃員、警備員、ケータリング・スタッフたちは、ＩＷＧＢの組合内でうまく組織され、〔外注だった雇用契約を〕大学との直接の雇用契約に転換することに成功した。その多くは、入管法上は不安定な地位か一時就労ビザで働く移民だった。ＩＷＧＢはまたプラットフォーム・エコノミー〔Amazon のように工場での生産よりもデジタルプラットフォームの独占に依拠する経済。従来の雇用関係に依らない不安定就労の温床と批判される〕で働く人々を組織するためにウーバーやデリバルーで働くドライバーのような労働者とともに闘ってきた。ＩＷＧＢはそうすることで、不安定雇用の移民労働者たちに、専らかれらだけを対象にしたわけではないにせよ、積極的な支援を与え、勢力を大規模に築き上げた。他方でＵＶＷはストリッパーやセックス・ワーカーという、そのなかには犯罪化や非合法化や送還に対して特別に脆弱な人々がいるような労働者たちを組織してきたのである。

労働運動の内部における移民労働者の位置づけをめぐる抗争は、合衆国でも同じく強力なものであり続けてきた。歴史的に、アメリカ労働総同盟（ＡＦＬ）〔一九五五年にＣＩＯと合併し、後述のＡＦＬ－ＣＩＯとなった〕傘下の労働組合の大多数は頑強な反移民派であったし、二〇世紀前半には〔一八八二年に制定された〕中国人排斥法の入国禁止条項の適用をその他の移民労働者にまで拡張させることを求めた。一九六〇・七〇年代までに、全米農業労働者組合はメキシコからの「不法移民」に反対するキャンペーンを積極的に実施し、スト破りの「不法移民」を移民帰化局に通報した。[8] しかしそれとまさに時代を同じくして、公民権運動に対するかなりの支援が、労働組合に組織された労働者から寄せられたのであった。四万人の組合員が〔一九六三年の〕職業と自由を求めるワシントン大行進に動員されたのがその例である。

今日、合衆国の組合は依然としてレイシズムと移民排除の場であるが、同時に構造的レイシズムに抗する集団的闘争にとっては不可欠な場でもある。ほんの一例を挙げれば、大工・指物師合同友愛会が常日頃より無登録労働者を移民関税執行局（ICE）に通報していることを認めた一方で、塗装業組合（国際塗装業・関連業種組合、IUPAT）のように、送還に直面する移民を守ることを追求し、収容された組合員を解放させるためのキャンペーンを行ってきた組合もある。(9) 同様にUNITE《ユナイト》・HERE《ヒア》組合（裁縫・繊維業組合のUNITEとホテル・レストラン従業員組合のHEREとが二〇〇四年に合併）は、ICE職員がやってきたとき取り調べを効果的にさえぎる方法を身につける訓練を組合員向けに開催し、被雇用者には質問に答えたり身分証を提示することを拒否する権利があることを強調してきた。(10)

労働者が組合によって上から支援されているなどと想像すべきではない。むしろ労働者こそが組合なのである。そうであるからこそ、移民とともに移民のあいだで——特に不安定な法的地位にある移民のことだが——組織化を進めて組合員数を増大させるとき、労働組合はすべての労働者とすべての移民にとっての権利と尊厳を向上させるであろうラディカルな要求を発展させることができる。このことを念頭に置いたうえで、以下のようないくつかの重要な非改良主義的改良の実現を、入国管理と労働および労働組合とに関連づけつつ追求することが可能だ。

第一に、人は入管法上の地位にかかわらず、労働者の権利とその保護にアクセスできなければならない。国家はそれゆえ最低賃金規制のような労働市場の基準を、警察の取り締まりや入管法執行機関から切り離すやり方で徹底させる必要がある。二〇〇九年の『冷たく扱われて／移民関税執行局（I

CE)に排除されて』と題された報告書でアメリカ労働総同盟産業別組合会議(AFL－CIO)——合衆国最大の組合連合——は、このような入管との切り離しが優先すべき事項であることを正確に言い表した。(11)

第二に、すべての非市民はどこで働こうと組合に入って団結できなければならないし、したがって労働組合はすべての労働者を法的地位にかかわりなく包摂するよう努めるべきである。組合はさらにまた、セックス・ワーカー、入管収容者、農業労働者のような不安定でとりわけ送還されやすい労働者グループを組織するよう追求すべきでもある。このことは、さもなければ無権利のままである無登録労働者たちのあいだに勢力を築くうえで、さらには「不法移民」と市民とは稀少な資源をめぐる競争者であるという考えに挑戦するうえで役に立つであろう。

第三に、職場での就労資格確認を廃止するためのキャンペーンを展開し、そうすることで雇用者がもはや国境取り締まりの役割に組み込まれることのないようにすべきである。それと同時に、労働組合は雇用者に対して、職場での就労資格確認の要請に従うことを拒否するよう、圧力をかけなければならない。

第四に、登録証なしに働くことをもって非市民を犯罪化する、不法就労関連のあらゆる法定罪の廃止を追求すべきである。

最後に、労働現場での入管の摘発に、より広くいえば入管のあらゆる摘発に対して抵抗し、それを阻止すべく戦わねばならない。非市民とともに非市民のなかで組織化を進めることによって、労働組合は入管法の執行を免れる聖域を職場に創り出し、雇用者に対して登録証の確認を拒否するよう圧力をかけ、入管法執行機関が職場や組合の領域に侵入してくることに抵抗し、収容と送還によって脅かされている同僚を支援することが可能になる。活気に満ちた組合運動を築き上げて不安定な法的地位にある移民の組合員を増やしていくことは、入国管理に抵抗するうえで鍵となる。これは実行可能であり実行すべき闘い方ではあるものの、ただしそのさい次の点を強調することが伴わねばならない。すなわち、移民が尊厳を認められるべきなのは一生懸命に働くとか経済に貢献するとかいった理由のためではなく、ただ単に市民の労働者と利害を同じくする被搾取者であるからでしかないのだと。

短く言えば、労働組合は闘争の場であり、そして私たちは組合のために、その組合の内部で闘わねばならない――かくも多くの移民のオルガナイザーたちがすでにそうしているように。ダン・バーガーやマリアム・カバやデヴィッド・スタインといった監獄廃絶論者が指摘するように、労働組合はもしかしたら非改良主義的改良のモデルかもしれない。すなわち、「社会主義者が労働組合のために闘うのは資本主義の社会関係を制度化するためや労働貴族の地位を確立するためではない。労働者を搾取する雇用者の権力を掘り崩す闘いのための耐久性のある構造を創り出すためである」[12]。この広範な闘いにおいて、労働組合は国境廃絶を追求する者と同盟しなければならない。つまり実践的には入国管理の対象とされる移民労働者を支援しなければならない。

移民労働者の支援が優先されねばならないということは、左派の政治にとって広範な含意を有する。ネイティヴ主義の選挙民として想像される人々――「伝統的な」労働者階級や「白人の」労働者階級、あるいは「置き去りにされた」労働者階級としてイメージされる集団――に迎合するのではなく、むしろ新たな選挙民と勢力基盤とを築くことに注力する必要があるということだ。ここで組合は中心的な位置を占めるであろう。それはすなわち、最も搾取されている人々の、特に不安定な入管法上の地位にある人々のあいだで勢力を築いていくときには、労働および労働者に対する私たちの理解力そのものを拡張しなければならないということを意味する――たとえば移民、家事労働者、セックス・ワーカーなどを包摂していくためには。とはいえ、反資本主義は産業の諸関係だけに還元できるものではない。入国管理に抗する闘争は、まともな住居、まともな医療、まともな教育、まともな福祉給付を求めるより一般的な闘争のなかに編み込まれる必要がある。国境管理の暴力性という争点を、まだそれが中心的問題となっていないところで現場レベルの闘争のまっただなかに持ち込むことは決定的に重要な課題だ。そのためには非合法化された移民の立場が、社会的および経済的正義をめぐるあらゆる争点にかんする私たちの闘争の中心に置かれねばならない。ブリジット・アンダーソンが述べるように、「最初にそのことを考えておかないと、あとでそれは、新しい未来を組織し想像するという仕事を台無しにする手段として持ち込まれてしまうだろう(13)」。

3　国境廃絶の視野は国際的である

国境廃絶運動がとる反資本主義の立場は、もとより国際的なものである。もしも国境廃絶が国境の永続性を下支えするあらゆる関係に挑戦することを意味するならば、地球規模の巨大な不平等、継続する土地収奪と採掘の過程、それに「開発＝発展」の幻想は、どれもみな争われる必要がある。したがって国境廃絶は惑星規模の視野における取り組みであり、人類の諸共同体を詰め込むデフォルト格納体《コンテナ》とみなされている国民国家の先にあるものを見通すべきだ。これは言うは易し行うは難しであるけれども、次のような示唆を与えてくれる。すなわち、グローバル・サウスで活動するグループと——特に移民の出身地および経由地における諸団体と——連携および共通戦略を築き上げることが必要なのである。

人は故郷の近くに留まりながら自己の可能性を開花させることも、放浪し旅に出ることも、どちらもそう望んだときに望んだとおりに実現可能であるべきだ。したがって国境廃絶は、グローバル・ノースに暮らす移民の権利と尊厳だけでなく、あらゆる場所に暮らす貧困と抑圧のもとにある人々の苦境にも関係があることである。つまり、個々人の今いる場所での生活を生きられないものにしてしまう諸条件に対して、直接に立ち向かわねばならない。戦争や環境破壊、それに人々の土地や生活手段の剝奪といったことは、どれもみな移住を人に強いる。国境廃絶論は全ての移住が解放的であるなどと偽ることはしない。だがその逆に、グローバルな不平等を緩和することでグローバルな移住が減るのかどうかを問題にしているわけでもない。人々は常に移動してきたし、今後も常にそうするであろう。私たちのプロジェクトの狙いは移動を減らすのではなく、自由を増大させることに定められている。このようなプロジェクトは開発をめぐる現代の政治と鋭い対照をなすと言えよう。

現代の開発政策は余剰、欠乏、封じ込めの論理によって定義づけられる。多すぎる人間、不足する資源、というわけだ。開発を下支えする基本的想定は変化した。グローバル・サウスの国々はいくつもの段階を通過しながら、最終的にはグローバル・ノースの社会と似たものになるだろうという想定〔近代化理論の提唱者ロストウの『経済成長の諸段階』(一九六〇年)に典型的に見られる〕は、もはや存在しない——さらにはグローバルな貧困層もいつかはみなグローバル市場に包摂されるだろうという想定さえも存在しない。いまや「開発／発展」とは、現状をより良くするというよりは、現状を甘んじて受け入れながら生き延びよということの婉曲表現なのである。このように考えることで、現在繰り広げられている「強靭さ《レジリエンス》」（持ち合わせで間に合わせること）だとか「非公式の労働《インフォーマル》」（雇用を増やさない開発）についてのお喋りの一切について説明がつく。事実、今日の列強国に見られる支配的な衝動は、グローバルな貧困層を欠乏の地に封じ込めておくために開発政策を利用することである。重要な例を一つ挙げれば、アフリカ諸国の多くが開発基金を受け取る条件としてＥＵによる国境統制の取り組みに協力させられている。二〇一五年のいわゆる移民危機（同年四月までに五隻の難民船が地中海に沈んだこと、同年のＥＵ外からの新規入境者数が前年の倍以上に達したことなどをふまえてそう言われる）以降、このような条件つき援助のかなりの部分がＥＵアフリカ緊急信託基金（ＥＵＴＦ）をつうじて行われてきたが、この基金の設立目的は「非正規移住の根本原因に取り組む」ことだとされている。

　ＥＵＴＦの事業計画のなかには、貸付金や訓練を提供することで、現地の人々が自国《ホーム》で仕事を見つけたりビジネスを立ち上げたりするのを助けようとするものがあるが、そのターゲットは「潜在的な移民」だと思われている若者やヨーロッパから最近送還された人々である。別の事業計画は、移住希望者にリスクのある旅路を選択することを——キャンペーンや教育プロジェクトや意識向上をつうじて——断念させるよう試みているが、こういう政策にどれほどの効果があるのかは大いに疑問だ。そもそも、貧困を緩和することで移住は減るはずだという根本的な前提じたいが、証拠に裏づけられていない——移動する人が最貧困層であることは稀であって、むしろ冒険心ある若者が、家族の支援を得られた場合に、あるいは閉塞感ゆえに、移民になろうとしがちである（人間においては実存的意味での移動への欲求こそが物理的に動こうとする意欲に先立つ）。そういう環境では、小規模ビジネスのために金を貸し付けようが旅路で移民を待ち受ける苦難について宣伝しようが、それが人を思いとどまらせることはないだろう[14]。

しかし最も厄介な点は、ＥＵＴＦの諸基金がさまざまな「能力開発」計画へと流れていることである。その狙いは、被援助国を近代化して、領土内に暮らす者や領土を通って移動する者を取り締まり、記録し、監視する能力を高めることである。この援助スキームは、いわゆる移民の「供給」国や「経由」国において警察の情報システムを強化し、警察官と国境警備員を訓練し、国民ＩＤシステムを近代化し、国境の監視能力を向上させ、そしてコンピューターシステムとデータベースとを統合することを補助する。「非正規移住の根本原因に取り組む」という言葉が実際に意味するのは、制御のきかない人々をより実効的に取り締まり、封じ込め、移動できないようにするために――すべてを開発という語に包括しながら――アフリカの諸国家を支援することである。

より広く見れば、ヨーロッパの国境は外部にまで拡張されてきたのであり、将来移民になると見込まれる者が逮捕されるのはいまやヨーロッパの岸辺にたどり着くはるか以前であり、ときには故郷を離れてすらいないときなのである。フロンテクス〔欧州国境沿岸警備機関、二〇一六年に欧州対外国境管理協力機関から改組〕が地中海を取り締まる際にはリビアの沿岸警備隊と協同してアフリカから移民が出発するのを阻止するし、ＥＵはトルコと協定を結ぶことで非正規移民の迅速な送り返しを確保している。そうだとすれば、人種化されたグローバルな貧民の移動／逃亡の封じ込めは単なる一国的問題ではなく、対外政策や外交の分野での中心的関心事なのである。開発政策はこのプロジェクトにおける決定的な重要性を持つ。このような「国境帝国」の暴力は、開発や人道主義やケアといった言葉遣いにより曖昧にされてしまうためだ。すなわち、ボートを阻止しているのは人命を救うため、というわけである。(15)

私たちはこのような「人道主義的」なうぬぼれを退けねばならないし、さらには国境化であると同時に封じ込めでもあるような開発に対するオルタナティヴを追求しなければならない。この文脈における非改良主義的改良の一例は、自由移動のための空間および仕組みを創出し拡張することであろう。EU域内での自由移動は、概してヨーロッパの諸国民に限定されており、しかも優先されているのは人間の、というよりは労働力の自由移動ではあるが、それでもやはり擁護し拡張させる価値のあるものだ。それと同時に、もしもアフリカ、ラテンアメリカ、アジアで国境が解体され、個々の地域に自由流通の広大な空間が創出されるならば、その暁には、より広い意味合いでの政治的想像力を支配している国境や壁や閉鎖的なナショナル・アイデンティティは、その力を失うかもしれない。(16)

4　コモンとして共有された世界

移動性《モビリティ》という言葉が運動のみならず、平民《コモンピープル》や労働者階級や群衆《モブ》をも表すのは偶然ではない。

パパドプーロス、スティーヴンソン、ツィアノス『逃走ルート——二一世紀における統制と転覆』(Dimitris Papadopoulos, Niamh Stephenson and Vassilis Tsianos, *Escape Routes: Control and Subversion in the Twenty-First Century*)

まさに多くの先住民の学者や活動家が言ってきた通りだ。すなわち、土地が私たちに属しているのではなく、私たちがその土地に属しているのである。もしも誰一人として土地を所有していないのなら、いかなる国民国家も存在し得ず、ただコモンだけが——つまり共通の一世界だけが存在する。他方で、領土は国家に属する。領土とは所有/財産《プロパティ》に他ならない。そしてシティズンシップもまた一つの所有関係であって、市民は国家に属し、国家は市民に属するのである。国境廃絶論は労働力を領土に囲うことが人種的資本主義にとっての鍵となる道具であることを認識する。アンドレア・スミスがハーシャ・ワリアの『国境帝国主義を解体する』に寄せた序文で主張しているように、「問題にすべき入国管理制度にとっては、人間は土地に対して所有関係を結びながら生きる存在でなければならない。つまり［そこでは］土地は一群の人々により所有され管理されうる商品なのである」[17]。

反資本主義のプロジェクトが主権的領土の解体を追求しなければならないことは明らかだ。国民国家の境界の内部では自由は存在し得ないし、そして私有財産の廃絶を求めることは必然的に国民国家システムそれじたいの廃絶の呼びかけ——つまり国境廃絶の呼びかけ——となる。極言すれば、資本主義とは、人やモノの不均等な移動性の管理と統制を追求するシステムのことである。したがって、反資本主義は国境廃絶の政治をつうじて、自律的移動のためのより大きな実行手段を人々に提供することを試みなければならない。ウィリアム・ウォルターズが想起させるように、「ある意味で、自律的に移動する力は、階級闘争の歴史の隠された秘密であり続けてきた(18)」。

反資本主義者は、一国社会主義〔旧ソ連などの〕も「ネイティヴ」ファーストを提唱する進歩的労働運動もあり得ないということを思い出すべきである。壁で分断された労働者は団結することができないという理由からして、反資本主義は必然的に国際主義的であり、つまりは国境廃絶という目標に責任を負う運動なのである。その他方で、左翼のネイティヴィズムはグローバルな貧困層の移動／逃亡の封じ込めを正当化するさらなる手段を与えるだけだ。そのせいで名も無き外国人が苦しみ、そして死ぬことになる——ただし「自国《ホーム》で」、つまりはかれらが属する場所でそうなってもらうのだが。移民の正義は資本主義の下では保障され得ない。社会的な差異および階層秩序の継続的な再生産に頼りながら、資本主義は地理的な不均等発展を利用して儲ける。したがってグローバルな不平等は資本主義に内在するものであり、さらに悪化していく一方である。かくして移住を管理するうまいやり方も、公正なやり方も存在し得ない。国境を十分に「リベラル」なものにするやり方も、全員をそれぞれが入るべき正しい箱のなかに収めるやり方も、存在しないのである。

究極的には、国境廃絶と反資本主義は同じ一つのものである。そして両者ともに、グローバルかつ国際主義的でなければならない(19)。資本主義を廃絶するためには国境を廃絶しなければならない——そして逆もまたしかりである。この方法しか、ない〔サッチャーら新自由主義政策の推進者が用いてきた殺し文句であるTINA（There Is No Alternative＝「別の道はない」）の向こうを張った表現〕。

第四章　取り締まり《ポリシング》

過去六年間で犯罪者の送還は八〇%も増加しました。だからこそ、法執行機関の資源を引き続き、私たちの安全を現実的に脅かす脅威に対して、集中させていくつもりなのです。今後私たちが優先順位を置くのは家族《ファミリー》ではなく、重罪犯《フェロン》に対してです。子ども《チルドレン》ではなく、犯罪者《クリミナル》に対してです。子を養うために苦労して働く母親《マアム》ではなく、ギャングの構成員に対してです。まさに法の執行機関が日々そのように優先順位を置いているようにです。

オバマ大統領、二〇一四年一一月

危険な外国人を排除するために英国政府がここまで手の込んだことをするべきだなんて、実に馬鹿げた話ではありませんか。だからこそ、保守党の次のマニフェストでは〔欧州人権条約の実現として一九九八年に労働党政権下で制定された〕人権法の廃止が公約に掲げられることでしょう。……〔送還先で〕深刻かつ回復不能な損害を被るリスクがゼロである場合、外国人犯罪者に対してはまず強制送還して、かれらの不服申立てを受理するのは送還した後にすべきなのです。

テリーザ・メイ、英国内務大臣、二〇一三年一〇月

ダレルがジャマイカから英国にやってきたのは七つの頃だった。彼は西ロンドンで母親と暮らし、

そこで小学校と中学校に通った。だがダレルは自分の入管法上の地位を一度も正規化しなかった。これが問題になったのは、ダレルが一八歳になり、仕事を探しはじめたときだった。その後の数年で、ダレルは連れあいのシャニスとのあいだに四人の子どもを授かった。シャニスも子どもも全員が英国市民だった。ダレルは「就労権」から排除されていたので、主たる保育者を務めた〔第二章第3節を参照〕。子どもを学校に連れていき、食事を用意するのはダレルの方で、フルタイムで働いたのはシャニスだった。

三〇歳の誕生日がやってくる頃、ダレルは内務省が自分を送還しようとしていることを知らされた。彼は単に「超過滞在者」（つまり入管法違反者）であるだけでなく、「外国人犯罪者」であるとして告発されたのだった。彼が刑法に違反しているという訴えの根拠は有罪判決では全くなく、ただ刑法に違反している疑いがあるということでしかなかった。オペレーション・ネクサスと呼ばれる計画の下で、入管当局と警察は送還を、警察が収集した情報——警察の職務質問や逮捕や起訴には至らなかった刑事告発などによる情報や、対象者の「犯罪的交際」つまり交友関係や所属団体にかんする警察の情報分析——にもとづいて立件するようになった。ダレルはいかなる重大な犯罪についても有罪にはならかったのにもかかわらず、当局は「蓋然性の均衡」〔英国法にいう、蓋然的証拠のうち肯定的なものと否定的なものとのどちらが数量的に多いかという判断基準だが、通常、民事訴訟で適用される〕を考えれば彼は「犯罪者」の可能性が高いと主張したのだった。警察の主張が拠り所にしたのは結局のところ、「ギャングに関与」した疑いがかけられたということでしかなかった。ダレルは二〇一六年九月に送還された——連れあいや子ども、そしてさらにはこの世界にたった一つしかない自分の家《ホーム》から、彼は放逐された——内務省が「非有罪記録」と呼ぶもの〔日本の警察がいう「前科・前歴」の「前歴」に近い意味〕だけにもとづいて(1)。

ダレルの送還事件は、英国政府が「外国人犯罪者」というレッテルを貼られた者の送還を執行するためにどれほど手の込んだことをする気があるのかを証明している。いまや有罪歴が無い者でさえ犯罪者として送還してよいらしい。しかしここでの要点はダレルの無実を弁護することにはない——そうしたところで、より一般的な刑罰システムは手つかずのままに残るだけだろう。問題は「有罪性《クリミナリティ》」が暴力的な国境化を正当化するためにどのように用いられるのかを見極めることにある。

英国の別の事例で考えてみよう。二〇二〇年に内務省は双子の兄弟を、二人ともかつて一度も訪れたことのなかった、二つの異なるカリブ海諸国に送還しようとした。この二四歳の双子はロンドンで生まれ育ったが、二人ともロンドンを一度も離れたことがなかった——しかし二人は服役中に送還状を受け取った〔英国は一九八三年に生得的市民権の〔つまり出生地主義による国籍付与の〕規定を法律から削除したので、その後に生まれたこの双子は母親と父親が生まれた二つの島への——それぞれグレナダとドミニカへの——送還に直面した〕。同じ二〇二〇年に、当時はウィンドラッシュ・スキャンダルの最中だったにもかかわらず、内務省がジャマイカへの送還用チャーター機を再導入することができたのは、同機で送還される全員が「重大な外国人犯罪者」であると主張することによってであった。ウィンドラッシュ・スキャンダルは英国の送還体制の合法性だけでなく正当性についても批判的な問いを提起したけれども、いわゆる「外国人犯罪者」の正しい追放とされるものを停止するには明らかに不十分であった。

これらのケースが指し示しているのは、入管システムによって「犯罪者」が生産され、管理される方法にほかならない。入管法違反は——そして無登録の移民に不動産を賃貸したり雇用を提供したりすることさえ——ますます刑法犯として扱われるようになっている。かつてないほど軽い違反にも下されるようになった有罪判決は、いまや長期在留者の送還を正当化するに足るものだとみなされており、しかもその対象者の多くは幼児の頃に英国にやってきた者である（または送還を執行する当の国（つまり英国）で生まれた者の場合もある）。(2)「外国人犯罪者《フォーリン・クリミナル》」——あるいは北アメリカでの言い方では「犯罪外国人《クリミナル・エイリアン》」——は常軌を逸した、究極の「悪役」、「典型的な悪党」であるが、そのような役回りとして「外国人犯罪者」は、移民の権利の擁護者たちに喫緊の難問を突きつけている。それはすなわち、警察と監獄と国境とのあいだに——つまりは檻と壁とのあいだに——どのようなつながりがあるのかを分析せよという要求であり、移民が無実であるとか犠牲者だとかここに居るのが相応しいとか社会に貢献してきたとかいった論拠を立てることは避けるべしという要求である。(3)短く言えば、「外国人犯罪者」の問題をどう扱うべきかを考えることは、警察と監獄および国境をともに廃絶する必要性を示唆しているのだ。

1 「外国人犯罪者」と無実さの罠

理想的な加害者は理想的な被害者とは異なる。理想的な加害者は、道徳的な意味で言えば、白《ホワイト》である被害者とは対照的な黒《ブラック》の人物である。どこか遠くからやってきた危険な男性《マン》である。人間ではないものに最も近い人間である。

N・クリスティーエ「理想的な被害者」〔齋藤哲訳「翻訳N・クリスティーエ「理想的な被害者」」『東北学院大学論集 法律学』第六三号、二〇〇四年一二月、二六一〜二一頁。一部訳を変更〕(N. Christie, 'The Ideal Victim', in E. A. Fattah ed., *From Crime Policy to Victim Policy*, 1986)

移民が悪魔化されるときの口実は歴史的に、「犯罪性《クリミナリティ》」が疑われるというものであった。〔一九世紀〕ヴィクトリア期のイングランドでは、犯罪はまず初めにアイルランド系移民のせいにされ(アイルランドに由来のある「フーリガン」という語が「危険な階級」を示すラベルとなった)、後には東欧からのユダヤ系移民のせいにされた——後者の「有罪性」は「国際的ユダヤ組織網」なる、より普及したお決まりのレイシスト的陰謀論からでっちあげられた。つまり、政府や銀行、果ては報道にまで及ぶものと考えられたユダヤ人の影響や、東ロンドンでの人身取引や売春でユダヤ人が暗躍しているという噂からである。こういう類の話がいわば物語の序文だとすれば、その本文を埋めるのは、第二次大戦後の英国で反黒人レイシズムを定義してきた「黒人の犯罪性の神話」(4)や、ムスリムのグルーミング・ギャング〔第五章第1節を参照〕と呼ばれるものをめぐる現代的パニックの光景である。

移民は「犯罪者」として構築されてきたが、その「犯罪者」はそもそも昔からはっきりと人種的な観点から想像されてきた。参照されるのが生物学であるか文化であるかを問わず、手段として用いられるのが頭蓋骨測定であるか文化的病理の診断であるかを問わず、「犯罪者」は外部者《アウトサイダー》、外国人《フォーリナー》、見知らぬ者《ストレンジャー》として構築される。移民の「犯罪性」をめぐる歴史においては人種と犯罪と移住が絡まりあっている——そこでは人種化された外部者と、犯罪者や移民とのあいだの区別はしばしばぼやけてしまう。この歴史は、近年の「外国人犯罪者」あるいは「犯罪外国人」を標的にした政策のいわば裏話を伝えてくれる。「外国人犯罪者」の熱狂的な収容と送還はさまざまな国で横行しているものの、本章では主に英国の文脈に焦点を当てる。

二〇〇六年以降、英国政府はいわゆる「外国人犯罪者」を送還することを優先事項にしている。二〇〇七年に連合王国国境法は「自動的送還」政策を導入したが、これによると内務省は自動的に、非市民のうち懲役一二か月以上の者を漏れなく全員強制送還させるよう務めることになる。[5] 二〇〇六年から二〇〇七年にかけて、送還された「外国人違反者」の数は五倍に増加し、そして二〇〇七年以降は五〇〇〇人から六〇〇〇人が毎年追放されている。

それと同時に、様々な入管の規則は個々人が送還を拒否するための申立てをよりいっそう困難なものにしてきた。有罪と無罪とを隔てる敷居を引き下げ、他方では「私生活および家族生活」〔欧州人権条約〕への権利を冷酷に切り縮めてきたのである。監獄システムは「外国人性という問題」をめぐって再組織され、その過程で「外国人専用」の監獄が設置され、監獄や警察署内への入管職員の浸透がさらに進んでいった。[6] それと同時に、前科がある者は入管収容施設からの保釈〔⇩用語集〕を認められるのが最も困難であり、そのため長期収容者のなかの主要部分を占めることになる。コロナウイルスの感染爆発という例外的な文脈の下であろうとも、「外国人犯罪者」は寛大な扱いをほとんど受けられなかった。このカテゴリーは、感染爆発の時期にも収容されつづけ、あるいはチャーター機による送還を強いられた人々の多数を占めている。

犯罪に手を染める移民の存在はレイシスト的な常識を再確認させてしまう。より広い目で見れば「外国人犯罪者」は、攻撃的で処罰的な入管政策を正当化するうえで中心的な役割を昔から与えられてきた――特に収容と送還にかんして。言い換えるなら、危険で暴力的な犯罪「外国人」という妖怪の存在こそが、非合法化や収容や送還を正当化するのである。だからこそ、国境廃絶の政治学は、犯罪化される移民という問題〔⇩用語集〕を中心に据えなければならない。なぜなら犯罪および犯罪性をめぐる物語が暴力的国境を正当化するさいに演じる役割はあまりに大きなものだからである。したがって「悪い移民」の物語や経験が無くなればよいのにという願いが叶うことはない。実際には、国境と刑罰とがレイシズム的国家暴力の連結した形態であることを認識するならば、私たちが取り組むラディカルな政治やそのための組織化の仕事は、よりいっそう一貫性を帯び説得力をもつようになるだろう。結局のところ、犯罪者も移民も、シティズンシップに含まれる最も基本的な権利を否定されている。それに、もし監獄が国内における追放の一種ではないとしたら、一体何だというのか。

このような国境と監獄のつながりを認めることは、プラカードに「難民は犯罪者ではない」と書きつけてしまうような事態に終止符を打つことを意味する。移民の権利という分野におけるリベラルな団体には長きにわたって、「真の難民」は特別に脆弱である一方ですばらしい才能をもってもいると強調する傾向がある。そうすることで「真の難民」を暗に(あるいは露骨に)経済的移民や「犯罪者」と対比させるのである。難民を無実な犠牲者として構築することは、難民をその苦しみゆえに権利保障の資格を満たしている者にすることである。しかしながら、無実の者を収容センターから掬い出そうとすることは、収容センターが有する基本的な論理にほとんど挑戦することがない。ルース・ウィルソン・ギルモアが想起させるように、挑戦すべき課題とは「特定の個人や特定の部類の人々の無実を確定し証明する方法ではなく、誰かを犯罪者として扱う《クリミナライジング》手続きを推し進める一般的システムに攻め込む方法を見つけ出すことなのである」[7]。移民の権利のための諸運動は、犯罪化された移民をとりまく厄介な問題と格闘しなければならないし、さらには無実か有罪かという、犠牲者か悪党かという、権利に値する者か値しない者かという二項対立を回避する議論を発展させなければならない。そのための方法としては、いかなる種類の議論が犯罪化された人々のために有効であるかを見つけ出し、それにもとづいて運動を拡げていく、というやり方があるだろう――あるいは、あるキャンペーンを評価する際に、犯罪歴のある人々にとってそれはどんな意味をもつのかという観点に立つという方法もある。

　英国の文脈では、それを闘いとることが「外国人犯罪者」のためになるであろう数多くの争点が存在する――ひいては、それが入国管理に服する万人の利益になるような。私たちは「自動的送還」政策を終了させるキャンペーンを行うべきであり、刑罰システムによる処罰に服している非市民はすべからく送還されるのがデフォルトだという前提を取り去ってしまわねばならない。二〇〇七年〔の国境法施行〕以前にも犯罪化された非市民はしばしば送還されたものの、個々の送還事件は次のような複数の要素にもとづいて審査されていた。英国および国籍国にどんな個人的紐帯を有しているか、どのような家族生活を送っているか、どういう性質の有罪判決を受けたか、〔渡英時および有罪判決時の〕年齢、その他の関連する個人的状況である。犯罪歴のある者すべてを無差別に送還することには他を圧倒する「公共の利益」があるのだという考えは、その当時はまだ確立していなかった。それゆえ幼少期に英国に連れられて到着した人々は、そのほとんどが送還を免除されていた。このような二〇〇七年以前の制度運用のモデルへと英国の政策を戻すことは完全に実現可能な目標である。犯罪化を危害に対処するための効果的手段とみなす観念や、送還を正当な結果でありうるとみなす観念を粉砕するための活動を続けながらであっても、私たちは同時にそれを実現できるのである。

より広く言えば、犯罪化された移民にもたらされる結果を実質的に改善するためには、あらゆる移民に向けて司法へのアクセスを拡大する必要がある。英国では、ここ一〇年で法律支援予算の徹底的な削減が行われてきたせいで、多くの非市民は、手頃な費用で依頼できるまともな代理人弁護士を確保することができなくなった。もしも運動家が法律援助へのアクセスを拡大し、無料で依頼できるまともな代理人をもっと幅広く確保することができれば、送還に直面している個々人にもたらされる結果は顕著に改善されるであろう。これに関連する問題として、犯罪化された移民は国内に家族の紐帯があったとしても送還されてしまうことがよくある。私生活および家族生活を尊重される権利は形骸化されてきた——それは欧州人権条約第八条で謳われているのだが。私たちは第八条を擁護するだけでなく、私生活および家族生活の承認と価値認定を実現可能にする手段の拡張に努めるべきである。異性愛《ヘテロノーマティヴ》を規範とする家族の筋書きを再生産してしまう危険が付きまとうにもかかわらず、家族生活への権利は送還に直面している人々にとって大事な命綱を提供するものである。家族生活に託されている権限を拡張させていくことで、私たちは送還の権力を制限できるかもしれない。

私たちはまた、チャーター機送還（それに乗せられる予定の人々には犯歴があるはずだという推定によって繰り返し正当化される)を、そして無期限収容を廃止するためのキャンペーンを展開すべきである——そして実に、収容センターもまるごと閉鎖すべきである。このようなチャーター機送還や無期限収容や収容センターの廃止は、入管体制による監禁が及ぶ範囲を削減するだろうし、そのことは送還の脅威に直面しているすべての人のためになるだろう。さらにまた、幼少期に渡英してきた人々の送還を妨げるためのキャンペーンとして、明確な基準値を設定して、ある一定の年齢より前に渡英してきた者——または英国での居住がある一定の期間以上に達した者——はもはや事実上国籍者同然であるという理由で、犯歴の重さを問わず全く送還できないようにするようなキャンペーンを展開できるかもしれない。

ここで提案した様々な改良には完璧なものは一つも無いし、それどころか新たな分断や排除の線引きを創り出すリスクがどれにもついて回る。大人になってから到着した者についてはどうか。子どもを、親を、あるいは家族を持たない人々は。良い弁護士と法律援助を利用できるけれど、それでも裁判で勝てない人々についてはどうなるのか。これらの改良の何一つとして根本的には送還の暴力を克服するものではない——どれほど非改良主義的な性格が備わっているとしてもだ。それでも、これらは何千もの人々の将来への展望を顕著に向上させるであろうし、それと同時に収容施設や送還体制に委ねられている権限を縮小させるであろう。決定的なことはこれらの改良が、権利保障に値する脆弱な移民とされる——たとえば「子どもの難民」や「人身取引の犠牲者」のような——特定カテゴリーのための政策にはできないような方法で、送還に直面するすべての移民を利するものであるという点にある。というのも、ここで提案した改良は依然として所属という論拠に頼ってはいるものの、しかし無実さや貢献や犠牲者性といった論拠——常に人を子ども扱いしたり排除したりするもの——を再生産しはしないからである。

運動を担う人々の注意に値するもう一つの争点は、入管法違反それじたいの犯罪化にかんするものだ。諸国家は入管制度絡みの新たな犯罪の枠組みをどんどん創り出すようになっている。たとえば不法入国および不法な再入国、超過滞在《オーバーステイ》、許可証なしの就労、雇用や公共サービス利用のための偽造書類の使用、そして移民の越境の幇助などである。英国では二〇一六年〔の移民法施行〕以降、もし「不法就労者」と定義された人々が適正な書類なしに働いていることが発覚すれば、最長で六か月の懲役および上限の定めのない罰金を科される可能性がある——しかもあらゆる非合法就労の収入は内務省が没収してもよいことになっている。より近年にはプリティ・パテル内務大臣が、難民庇護への道をさらに狭め、加えて「密航業者と密航幇助者に対する新たな最高刑としての終身刑」を導入することを誓った。[8] その間にも大陸ヨーロッパでは、地中海で座礁した移民を救助する活動家や人道主義者たちが密入国の罪で長期の収監に直面しているし、合衆国では毎年何万もの人々が、ただ合衆国の領土に非合法に入国または再入国しただけで刑事起訴されている。法的な許可なしの移動や滞在は、いまや刑事上の罪なのであり、それゆえに刑法の完全な効力に服しているのである。

ただし、ここでひとまとめに紹介した罪というのは、「移民の犯罪化」について考える際にほとんどの人が想像する類のものである。以上の政策は物議を醸す、どう見ても無慈悲なものであり、したがって運動が突いてみる価値のある制度の弱点を表しているのかもしれない。しかしそれと同時に、このような刑法は十分に使われず、それにもとづく訴追は最後の一手でしかないこともある。わざわざ犯罪化という手段に訴えるまでもなく、多くの場合、入管法のなかには国家が首尾よく送還を実行していくための裁量の余地が十分すぎるほどあるものだ。実際のところ、多くの移民にとって〔先に紹介したような〕犯罪化にまつわる問題よりも深刻な問題となるのは、刑事罰に問われる際に法の適正手続きを受ける権利が保障されていないことであり、そもそもどんな種類の法廷においても移民が自分の話にきちんと耳を傾けてもらえないという事情である。

さらに重要な問題として、移住の犯罪化への反対運動が、法的地位を問われている諸個人が本当は犯罪者ではないと言い張るだけの運動に行き着く危険性がある——暴力的な「ギャング」や「重罪犯」と「働く母親」とを直感的に対比してみせたバラク・オバマに似た口調で〔本章冒頭のエピグラフを参照〕。端的に言えば、入管法令の執行をさしあたりは刑事の領域から民事の領域へと追いやることを当面の望みにするとしても、だからといって入管法関連の犯罪をその他の犯罪と切り離してはならないのだ。ここで私たちは監獄および警察廃絶のために活動している人々に目を向けることができる。レイプ犯や殺人犯についてはどうなのかという究極の問いへの直面を、常に迫られている人々がこれまでに習熟させてきた回答は、非市民が犯罪化された場合にも、その罪状にかかわらず擁護するうえで役立たせることができるものだ。

2 監獄廃絶に学ぶ

「レイプ犯や殺人犯についてはどうなのか」——このような問いを監獄廃絶論者はあまりにも頻繁

につきつけられている。しかしその度にかれらは、廃絶主義の政治の核心をなす諸原則の一部を説明することで応じてきた。監獄廃絶論者が強く訴えるように、暴力に対処するためにそれ以上の暴力で応じることは無益でしかありえず、したがって私たちは復讐や処罰を超えて進む必要がある。監獄廃絶論者が思い起こさせるように、社会的危害の諸形態のうち、刑罰システムのおかげで実際に対処ないし軽減されているものはほとんどない。決して犯罪と定義されることも刑法の対象にされることもない多種多様なかたちにおいて、人は死んだり、死ぬままに放置されたり、殺されたりするのである。貧困、構造的暴力、緩慢な死、社会的殺人〔社会的に引き起こされた死。エンゲルス『イングランド労働者階級の実態』(一八四五年)で初めて登場〕、企業犯罪、それに〔労災や過労などによる〕就労中の死亡。これらの構造的現象のどれ一つとして、私たちが犯罪や犯罪者について議論しているとき念頭に置かれているものはない。それと同様に、ジェンダー化された暴力は蔓延しているのにもかかわらず、性暴力や性的虐待のほとんどは決して法廷で扱われることがない。一握りの加害者たちを檻に入れたところで——その大半は貧困者や人種化された人々であるが——ジェンダー化された暴力への挑戦にも安全の向上にもほとんどつながらない。

このような暴力や社会的危害はぞっとするほど大規模に拡がっているが、しかし監獄廃絶論者はそこから目を背けることはしない。むしろ監獄廃絶論者が私たちに問いかけるのは、そのような問題の一部にしか責任を負っていない貧困者や人種化された人々を檻に放り込んでおくことで、一体誰が得をしているのかである。監獄は社会問題を軽減するのではなく、ただ檻のなかに隠すのみだ——比較的教育を受けられなかった人々を人生の最盛期に消し去ることによって。監獄とは拷問の一形態であって、私たちの安全を少しも大きくしていないのに、それでもほとんどの人間がそれを打ち破れるとは思っていないような固定観念と化しているのである。(9)

監獄廃絶論者は、社会的危害——とりわけジェンダー化された暴力や性的暴力——に対する予防的かつ実践的に有効なアプローチを発展させようと試みているし、共同体的正義や変革的正義のための明確な戦略と理論を発展させてきた。危害や暴力を引き起こす者は、自らが生み出したその結果に向き合わねばなるまい——ただしそれでも責任イコール処罰ではないのである。私たちの誰もが互いをさまざまな方法で害するし、それでいて誰もが変わりうるということを認識しつつ、監獄廃絶論者は犠牲者と加害者という二項的な区別を拒否する。(10)

監獄廃絶とは、単に監獄を取り壊すだけで他のものには手をつけないということではなくて、監獄や刑罰には頼らずにすむための必要なものや手立てを人々がもっているような世界を築き上げることである。マリアム・カバが主張するように、

> 私たちが廃絶主義の旅路へと出発するときに「いま私たちがもっているのは何だろうか、どうすればそれをより良いものに変えられるだろうか」なんてことは訊かないようにしよう。そのかわりに「私たちは自分たちと世界のために、何が想像できるだろうか」と尋ねてみよう。そのとき私たちを待っているのは、より公正な世界への限りない可能性である。〔Mariame Kaba, *We Do This 'Til We Free Us* (London: Haymarket, 2021), p. 3.〕

こうして欠如《アブセンス》（監獄と警察が存在しないこと）ではなく現前《プレゼンス》（私たちが開花させるべきものが存在すること）を強調することで、運動を組織化し展開していくための諸戦略についてカバは示唆を与えてくれる。この点について、カリフォルニアでの監獄拡張に反対して成功を収めたキャンペーンについてのルース・ウィルソン・ギルモアの回想は、多くを物語る。

> カリフォルニア監獄猶予《モラトリアム》プロジェクトは、その行動指針では「廃絶」という言葉を用いなかったものの、監獄の拡張建設と闘うために、セントラル・ヴァレーにおける草の根の環境正義運動と連携することに成功した。監獄拡張建設と闘うために環境正義の戦列に加わることによって、私たちは清潔な水や十分な数の学校のために、また農薬の飛散や有毒な焼却炉やその類のものすべてに反対して闘わねばならなかった。このことが、当地域での反監獄の運動組織をまぎれもない廃絶主義的な課題へと、すなわち、セントラル・ヴァレーの労働者が健康で安全な労働条件の下で有毒物質に曝されることなく働くための権利を闘い取ることへと高められた。この課題は、セントラル・ヴァレーで働く者のうち非常に多くが無登録移民であったにもかかわらず掲げられたのである。[11]

人がより良く、より安全に生きるうえで実際に必要とするものに焦点を合わせることで、監獄反対運動は幅広い大衆的な支持を獲得しうる。これを国境廃絶にとっての教訓となるように翻訳するには、どうすればいいだろうか。そのために要求されるのは、自分が「ネイティヴ」だと思い込んでいる人々——つまり（大半が白人の）市民——に国境はかれらを保護することも利することもないと説いて、納得させることだ。それはつまり、レイシズムのゼロサムゲーム〔全プレーヤーの得失点の合計がゼロになるゲーム〕に頼ることなしに、よりよい職や住居や保健医療のために闘うことを意味する。このような課題をうまく遂行するうえで重要なのは、市民と移民とが一緒に、多くの場合は現場レベルで、万人にとってよりよい条件を獲得するために活動することだ。そうすることによって、まさに市民および移民というカテゴリー自体がもろとも粉砕されうるからだ。監獄廃絶の場合と同じように、このような戦略は政治参加のみならず、私たちが築き上げたい世界をあらかじめ構想するだけの政治的想像力を必要としている。

警察および監獄の廃絶主義者はまた、自分たちの生活圏で警察を呼ぶことなく暴力や紛争に対処できるようにするためには、私たちが分厚い社会的連携をつくりだし、地域コミュニティでの問題対処を実践していかなければならないことを理解している。この指針は、生活拠点《ホーム》や職場で行われる入管の摘発に対するコミュニティの抵抗にも適用することができる——その成否は、情報共有、国家機関との対峙、摘発に直面する人々の支援に備えたコミュニケーションと抵抗の地域的ネットワークを構築できるかどうかにかかっている。これはまさしくロンドンや英国じゅうで組織されている反摘発ネットワークの戦略にほかならない。

しかも監獄拡張への反対運動を行うための効果的なアプローチは、収容センター反対運動にも適用することができる。これは多くの場合、ローカルあるいは広域レベルの活動によって、監獄や収容センターはそこに建設すべきではないと地元の住民を説得することを意味する。英国の収容センターに反対する最も息の長いキャンペーンのいくつかは、地域で役割を果たしてきた。さらに監獄反対運動から私たちは、成功する戦略は多方面からのアプローチに頼るものだということも学べる——あるときは政治家や計画立案者と同じ部屋で会談し、あるときは収容施設のゲート前で抗議行動を展開し、あるときはストライキ中の被収監者や被収容者を支援するということだ。極めて重要なことなのだが、国境廃絶のための闘争は、監獄廃絶のための闘争と同じように、実践的であると同時にユートピア的でもなければならない。すなわち、今ここでラディカルな行動に参加すると同時に、より長期的な時間の尺度で達成されるべき成果にも関心を向けることが必要である。

「外国人犯罪者」は簡単に擁護できるようなグループではない。監獄と国境を併せて批判するよう求められるからだ。このことに留意するとき理解できるのは、「外国人犯罪者」の送還はしばしば言われるように「二重処罰」の一種だから悪いというだけではなく、そもそも刑罰それじたいが間違いであり不正であるから悪いのだということだ。これは不公正な入管行政の帰結という問題だけではなく、なによりまず刑罰という実践が不正義であるという問題である。したがって、監獄廃絶から学ぶことだけが重要課題なのではない。国境廃絶運動が闘い取ろうとしている政策の変化が監獄廃絶運動のそれとしばしば全く同一であることを認識することが重要なのである。

これはつまり、監獄拡張への反対運動や麻薬取締政策の非犯罪化による改良(あるいは変革)の試みは、国境廃絶と深い関連があるということを意味する。同様に、セックス・ワークの非犯罪化は多くの非市民の生活を顕著に向上させるだろう(ちょうど移民のセックス・ワーカーが「入管法がつくりだす」送還可能性という条件からも逃れなければならないのと同じように)。本書の序章で既に述べたとおり、「ギャング」への人種差別的な取り締まりはとりわけ若い黒人男性を送還することに帰結する。[12] だからこそ、若者の暴力に対処する社会のアプローチや麻薬取締政策を変革することが、収容と送還に与えられた権限を削減するうえで重要な助けとなるだろう。より一般的には、警察予算を打ち切れ《デファンド・ザ・ポリス》という要求——つまり警察の能力や歳入や権限を削減すること——や、学校への警察官の配置をやめさせるキャンペーンは、国内における国境化に反対する闘争と密接な関連があるのだ。結局のところ、犯罪化《クリミナリゼイション》に反対する闘争と移住の非合法化《イリガリゼイション》に反対する闘争とは、常に一つの共通の闘いなのである。檻と壁とは、築かれるときにも崩されるときにも一体であるだろう。

もし「外国人犯罪者」なる人物像が国境暴力の最悪の行き過ぎを正当化するのなら、そのときこそ国境廃絶運動は「外国人犯罪者」として扱われている人々のために力を注がねばならない。いかなる運動や戦略も、それが（無実の）移民と（有罪の）犯罪者という区別を再生産する限り、有効なものではありえない。犯罪化と移住の非合法化とは、人種差別的な国家暴力の連結した形態なのであって、このことは「外国人犯罪者」が被る苦境において特に明白に表れている。

国境を解体する私たちの闘争において、監獄廃絶から学べることはたくさんある。一方で私たちは非改良主義的改良のためのキャンペーンにいますぐ取り組むこともできる——ひょっとしたらまだましな政策を実現するために政治家や大きなＮＧＯと連携して——とはいえ、国境廃絶が成功を収めるかどうかは、究極的には大衆的権力を打ち立て、市民と移民との生き生きとした連携をつくりだすことができるかどうかにかかっている。市民も移民も、ナショナリズムと資本主義が与える偽りの約束に裏切られる存在だという点では同じなのだから。

近年に街頭で大規模な動員を獲得したＢＬＭ運動や、気候崩壊に反対する大衆的抗議運動――とりわけ若い人々のあいだで盛んな――を考えてみると、まさに文字通りに数百万人もの人々がこの世界の変革への積極的関与を示していることは明白である。この局面においてなすべき挑戦とは、国境廃絶論を、警察、監獄、環境、フェミニズムといった主題をめぐる現在の活力ある討論につなげることである。これこそ私たちが勝利することのできる唯一の道だ。

第五章　テロ対策

二〇一一年以来はっきりと断ってきましたが、英国市民は誰一人としてシリアに渡航すべきではありません。辛い結末を迎えるまでそこに残った者のなかには、もっとも献身的な部類のダーイシュ支持者〔武装勢力ＩＳ（イスラム国）支持者〕もいます。こうした人々が英国にもたらす脅威に対処する手段の一つとして、他の国籍を保持している者から英国市民権を剝奪するという方法があります。二〇一〇年以来、さまざまな国籍を保持している約一五〇名の者に、この権限は適用されてきました。

英国内務大臣サジド・ジャヴィド、二〇一九年三月一一日、シャミマ・ベグムをめぐる庶民院審議で

シャミマ・ベグムは一九九九年八月、ロンドンに生まれた。彼女の両親はバングラデシュ出身だが、母親は一九八〇年、父親は一九七五年に英国に移住した。ベグムが生まれるよりも前に、どちらの親も無期限滞在許可（永住資格）を得ていたので、彼女は出生時に英国市民となった。彼女が育てられたのは、かねてより在英バングラデシュ人の集住地域であった東ロンドンの自治体タワー・ハムレッツにおいてであった。ベスナル・グリーンの小学校と中学校に通った後、二〇一五年二月、彼女は学校の友人二人とともにシリアへと発った。その結果、彼女らは「ベスナル・グリーン・ガールズ」とい

う別名で呼ばれるようになる。シリアに到着してまもなく、彼女はＩＳＩＬ〔武装勢力「イラク・レヴァントのイスラム国」――当時〕の戦士と結婚。彼女が一五歳のときだった。

二〇一九年二月、シリア民主軍（ＳＤＦ）〔クルド人民防衛隊ＹＰＧをはじめとする諸民族の民兵組織からなる同盟軍で、当時に勢力拡大していたＩＳに対抗するために結成〕が運営するアルホール・キャンプでジャーナリストのアンソニー・ロイドに発見されるまで、彼女はずっと所在不明であった。タイムズ紙のジャーナリストである彼との最初のインタビューのさい、彼女は妊娠九か月だったが、すでに二人の子を過去四か月のあいだに失ったと告げた。亡くなったのは一歳六か月の娘と八か月の息子であり、彼女がＩＳＩＬ支配下の飛び地にいたあいだに、どちらも栄養失調にともなう病気が原因で命を落としたという。彼女はロイドにこう伝えた。「二人の子どもが死んだ今となっては、私はただ……。今ではお腹の赤ちゃんに対して本当に過保護になってしまって、このキャンプのなかでこの子が病気になるかと思うと怖い……。だから私は本当にイギリスに帰りたいのです。だって、ちゃんと面倒を見てもらえるでしょう、少なくとも健康の面では」(1)。三日後、ベグムは息子ジャラーを生む。その三日後、内務大臣は彼女の市民権を取り消す。二週間後の二〇一九年三月七日、ジャラーは肺炎で死亡。報道によれば、ＳＤＦの運営するキャンプのひどい環境と、効果的な医療の欠如とのせいである。ジャラーは英国市民であった。

ベグムの排除、追放、棄民を支持する世論はかなり大きかったが、それでも彼女の国籍をめぐる悩ましい法的問題は軽々しく扱える性質のものではない。バングラデシュの市民権が彼女に認められる見込みは薄かった。というのも、彼女はバングラデシュで一度も暮らしたことがなかったし、同国政府も彼女を迎え入れることはないと表明していたからだ。こうして彼女は無国籍に陥る危険にさらされ、内務大臣には彼女の国籍を剝奪する権限があるのかどうかという重大な問題が浮上することとなった〔このあと第1節で説明されるように、法律上は対象者が二重国籍である場合にのみ英国籍の剝奪が可能なので〕。さらには、彼女がまだ一五歳で英国を離れＩＳＩＬに参加したという事実ゆえに、多くの人々が、彼女は〔悪意ある成人に〕「手懐けられた《グルームド》」のであり、だからこそ彼女を英国に帰らせるべきだと主張したのだった。ベグムは市民権剝奪の決定に反対する訴えを起こし、英国に帰ろうと試みたが、二〇二一年二月、最高裁判所は彼女の訴えを退けた。またそれゆえに、本書の執筆時において〔そして本翻訳脱稿の時点においても〕彼女はまだシリア北部の難民キャンプにいる。

シャミマ・ベグムの市民権剝奪は、英国が国籍剝奪というやり方を近年大幅に拡張してきた、より一般的なパターンの一端をなすものである。市民権を剝奪するための法的な敷居は、今までにないほど低くなっている。対テロ戦争とそれにともなうムスリムおよび移民をめぐるモラル・パニックという文脈において、市民権は特権となった。つまり市民権は、〔永続的に認められるのではなく〕獲得されるべき、しかも継続的な努力によって保持されるべきものに、またしたがって〔いつでも国家によって〕取り去られるかもしれないものになったのだ。[2] 市民権剝奪の件数増加が示しているように、テロリストや敵や重大犯罪者だと決めつけられた人々にとって、市民権とそれに付随する諸権利は不安定であり、永続性を保証されていない。[3] 本書の目的との関連において重要なのは、入国管理こそが対テロ政策および戦略の中心をなしてきたという点である。マイノリティの市民たちは、まず〔市民権を奪われて〕移民に地位変更されたうえで、次いで〔入管法による〕排除と送還に服させられるかもしれない。

同じくらい重要なことだが「テロリズム」という妖怪は、あらゆる移民に影響を及ぼす懲罰的な入国制限を正当化するために利用される。移民がくりかえしテロリズムやイスラムの文明的脅威に結びつけられるので、移民と国境をめぐる議論は軍事的なメタファーに満ちている。移民の流入が意味するものは侵略、安全保障上の脅威、国家の緊急事態となった。敵と外部者は収容され、抑留され、法的権利へのアクセスを否定され、送還され、追放されねばならない。要するに、現代の国境は対テロ戦争によって根本的に形作られているのである。国境廃絶の政治学は、テロ対策やイスラムおよびムスリムの悪魔化に反対し、そしてより一般的には戦争に向かう致命的衝動に反対する闘争と、しっかり連結される必要がある。

1　対テロ戦争と市民権の剝奪

対テロ戦争とは終わりのない戦争であり、あらゆる場所に潜む敵に対するグローバルな反乱鎮圧作戦である。アフガニスタンとイラクへの侵攻——およびその帰結であり現在も進行中の人間的悲惨——がグローバルな対テロ戦争の到来を告げ、グローバルなテロリズムの脅威によって拷問、特別送致〔米国がテロ容疑者を超法規的な方法で拘禁、尋問するために、容疑者の身柄を国外に引渡すこと〕、秘密施設〔米国が国外に置く秘密軍事施設で、テロリストとされた人々がそこで拷問されていると報じられている〕の使用、それに「テロリスト」を特定し妨害するためのさまざまな「緊急手段」が正当化されてきた。より日常的な場面では、テロの脅威を名目にして、標準化された書式のパスポートや生体認証の使用が強制されるようになった。周知のとおり、九・一一とその余波が国境管理の強化を急激に促すことになった(4)。

入国管理は対テロ政策の中心であり、テロ容疑者を排除、収容、追放するための手段を国家に与えている。長年にわたって移民たちは法律による排除に、裁判なしの行政的措置としての収容に、そして送還に服してきた。それゆえに、国家が外国人のテロ容疑者を特定し収容するにあたって、入国管理が格別に役立つ手段だと証明されてきたのは驚くことではない。ただし重要な点として、しばしば「テロリスト」は「自国育ち」だと――私たちの地元の小学校や近隣地区や宗教施設で育った、マイノリティに属する市民だと――説明される。こうして私たちは内部の敵という問題に直面する。市民権を有する同じ国民がイスラム主義戦士へと、あるいは少なくとも急進化した駆け出しのテロリストへと変貌してしまうのだ。ここでは市民権剝奪が国家の中心的な対応となるが、この方法をさまざまな手段で主導してきたのが英国である。

市民権剝奪の権限は、かなり昔から法文上に存在していたものの、一九七三年から二〇〇二年までのあいだには英国で発動されたことは一切ない。二〇〇二年の国籍・移民及び庇護法によって、市民権を剝奪する国家の権限は拡張された。それ以前には帰化した市民だけが剝奪の対象だったが、いまや生来の英国人であっても「英国の死活的利益を深く損ねる」ことをした場合には国民の地位を奪われる。二〇〇六年法ではさらに条件が緩和され、そのことが「公益に資する」(これは送還と同じ条件であるが)と国務大臣が認めるだけで個人は市民権を剝奪されてしまう。どちらの法にも無国籍に陥るのを防ぐための条項(国際法のもとでは必須となる)が含まれており、二重国籍者(帰化した英国人であれ出生時の英国人であれ)にしか権限が適用されないようになっている。しかし二〇一四年移民法において は、無国籍を引き起こすかもしれない場合であっても対象者の市民権を剥奪できるように、つまり対象者が別の国で市民権を得られるだろうと考える「合理的な根拠」を国務大臣が有していれば英国市民権を剥奪できるように、法文が改正されてしまった。シャミマ・ベグムから市民権を奪うために適用されたのは、この権限である。

二〇一〇年以降、数百人が市民権を剥奪されたと見積もられている。元内務大臣サジド・ジャヴィドによれば、二〇一〇年から二〇一九年までのあいだに一五〇〇名以上がテロおよび重大犯罪を理由に市民権を奪われたという。したがって、英国は市民権剥奪の権限にかんする重要なケーススタディの題材となる。その理由はとりわけ、英国がこの方面において、カナダ、ベルギー、オーストラリア、ドイツ、フランス、スウェーデンといった他の多くの国々の先導役を果たしているという点にある。ニーシャ・カプールが説明するように「市民権はいつだって特権でしかなかったとはいえ、市民権剥奪の法制の発展は、国境管理が移民に対する取り締まりから市民に対する規律強化へと拡張されるという新たな事態を反映しており、人種差別的な排除のシステムを具体化および促進している。それは〔立法と司法の〕執行権力への依存と従属をますます大きくしていくような転換である」[(5)]。

ここでは市民権剥奪にかんする判例法の歴史を示す必要はないが、しかしこの権限が拡大されるたびに、国籍が剥奪されやすくなることで権利をもつ権利〔ハンナ・アレント『全体主義の起源』の有名な概念〕[(6)]を失う人々の数もまた増えていくという点を強調しておくことは大事である。この歴史が示すとところでは、政府はその権限を司法によって切り縮められたときに立法という措置を講じる——たとえば無国籍者を出してはならないという制約を超えて市民権剝奪の権限を拡張するために。代々の権威主義的政権にとって、人権とは国家安全保障に対する障害物にすぎない。この点こそがまさにカプールのいう「〔立法と司法の〕執行権力への従属」である。

とくに重要と思われる事例として、イングランド北部での若年女性と少女に対する性的暴行で有罪となった、パキスタン出身で帰化した数名の二重国籍者に対する市民権剝奪がある。この件は全国的なスキャンダルとなり、加害者たちは「パキスタン人のグルーミング・ギャング」〔未成年者を性的に搾取する集団の意味〕と呼ばれた。この話は、極右を動員し、〔この件にかかわったのはムスリムだけではないのに〕ムスリム・コミュニティをさらに悪魔化、脅威化するための口実となった。この男たちが犯した加害行為は極めて悪質だが、しかしかれらは市民権剝奪の権限をより拡大するためのお膳立てをすることになった。この件は、国家安全保障やテロリズムに関連する要素のない刑事犯罪で有罪を宣告された者が、それを受けて市民権剝奪を執行される初の事例となったのである。加害者のうち数名は「重大な組織犯罪」を根拠に市民権を剝奪され、刑期を終えた後に送還できるようにされた[7]。こうして国籍剝奪の権限が拡大されたことで、重要な先例が与えられたわけである。

一連の法律によって市民権剝奪の敷居は低くはなったが、それでも多くの者はテロ容疑をかけられたからといって簡単に国籍を取られてしまうわけではない。「自国育ちの」テロリストたちが他の国籍を得られる見込みがない場合には、パスポート無効化や一時排除命令が解決策となる。これをカプールとナルコヴィッチは「代理剝奪」として説明する[8]。パスポートを没収され取り消されることによって、英国市民はその移動の自由を実際上奪われ、無登録になってしまう。他方で、一時排除命令は対象となる個人の英国への帰還を防止する——帰国の権利は市民権に属するもっとも基本的な権利の一つなのだが。パスポート無効化と一時排除命令は、執行権が無制約で、その本質において予防的で、そして司法的監視を欠いているということの実例である。

テロリズムにかんする訴訟事件は通常、守秘義務によって完全に隠されている。人権弁護士のギャレス・ピアースが指摘するように「守秘義務は国家安全保障のために必要なのだと言い張れることこそ、執行権にとってもっとも便利な仕組みなのである(9)」。このことがもっとも明白になるのは特別移民不服申立委員会(SIAC)の活動においてである。同委員会は、国家安全保障に抵触する事項を含んだ移民の不服申立てにおける「非公開の」資料を検討する。その結果、被告人は自らに不利な証拠を目にすることができない。中立人の弁護士はひとたび非公開資料を目にしたならば、依頼人の指示を受けることはもうできない。厄介なことに、いまやSIACは非公開の法廷手続きと秘密の証拠を用いるという前例をつくりだし、そうした手段の一部が英国の他の法廷にも適用されるという事態にすらなっている(10)。

2　予防、取り締まり、敵の根絶

明らかに対テロ戦争は、排除、国籍剝奪、収容、送還を執行する国家の権力を拡大するための口実を与えた。これらの実にやっかいな国家権力拡大がさまざまな方式で進んでいることから示唆されるように、永続的戦争および日常の安全保障化という文脈のなかでは、権力分立、法の適正手続きを受ける権利、基本的な自由権の尊重といったリベラルな諸原理を守ろうというまったく臆病な議論ですら、いまや相当にラディカルなものに聞こえてくる。またそれらの権力拡大の方式によって再確認させられるのは、国家のレイシズム――暴力的な国境管理、懲罰的な刑事司法、反テロリズム、そして戦争一般――に対するさまざまな闘争のあいだに連携を打ち立てる必要があることであり、さまざまなかたちで内なる外部者として人種化された諸集団――ムスリム、移民、過剰な取り締まりと犯罪化の標的にされている若い黒人など――のあいだに連帯を築く必要があることである。ムスリムのコミュニティや、テロ対策の文脈でムスリムとして人種化された人々の処遇は、移民を標的にした取り締まりと重要な点において酷似しているので、そこには〔両者にとっての〕相互連帯の豊かな土壌がある。このことは、英国の急進化対策である予防政策と、後述する入管の「敵対的環境」政策とが及ぼす相乗効果を見ることで、とくに明らかとなる。

二〇〇六年に発足した予防政策は、政府の対テロ戦略の鍵である。その狙いは「人々がテロリストになったりテロリズムを支援したりするのを防ぐ」ことにある。それは予防政策《プリヴェント》、追跡《パースー》、保護《プロテクト》、用心《プリペア》からなる四つのP戦略の一環をなしている(11)。予防政策とは公的な監視対象と認定されたテロ組織に人々が加入する前の段階で「急進化」に対抗する試みであり、したがって犯罪活動に関与していない人々――その大部分は英国のムスリム――の信念やイデオロギーにかんする情報収集に携わる。当初、こうした情報は、警察の圧力のもとで、あるいは政府が予防政策につけた一億四〇〇〇万ポンドという予算を条件として、学校や若者向けのプロジェクト、宗教団体やボランティア団体をつうじて集められた。[12] 多くの組織や公的団体はこの物議を醸すプログラムに参加したがらなかったので、政府は二〇一五年テロリズム対策及び安全保障法(Counter-Terrorism and Security Act 2015)を制定することで、このプログラムに法的根拠を与えた。これはすなわち、すべての地方自治体や教育機関やNHS信託〔英国の国営医療制度である国民保健サービス(NHS)の関連事業を担う独立法人〕が、いまや「人々がテロリズムに呑み込まれるのを防ぐために適切な注意を払う」という法的義務を負うことを意味する。[13]

この新たな体制においては、誰もが急進化の予兆を注視し、通報することを強いられる。そのせいで、学齢期の子どもたちはくだらないことを言っただけでも予防政策当局に通報され、学生の政治運動には委縮効果が働いてしまう。たとえば信心深さの兆候、イギリス帝国主義の批判、あるいはパレスチナへの支持が通報され、監視対象にされる。この予防戦略において過激主義と呼ばれるものを、政府は「民主主義、法の支配、個人の自由、相互の尊重、異なる信仰や信条への寛容といった、私たちの基本的価値に対する発言または行動による反対」と定義している。[14]「私たちの基本的価値」なるものの曖昧さが、さまざまな解釈の余地を大きく残しているのは明らかである。

その一方で「敵対的環境」政策〔⇩用語集〕とは、無登録移民が保健医療や合法的雇用や居住や運転免許や銀行口座といった基本的サービスにアクセスできないようにする政策のことである。予防政策と同様に、この敵対的環境政策は、公務員や〔公共財および基本的サービスにアクセスするうえで〕門番《ゲートキーパー》となる人々を懲罰的な諸措置の代行者にする。つまりこの場合には、入管法上の地位をチェックさせることで「不法移民」の根絶を手伝わせるのである。家を借りるとき、医者にかかるとき、新しい仕事を始めるとき、講義に出席するとき、誰もが法的地位をチェックし、またチェックされる。そして内務省は、大きな公的機関が収集した個人情報に、さらには慈善事業で集められた個人情報にすらアクセスしようとしてきた。予防政策と「敵対的環境」政策とは、法令上の根拠は異なるが、しかしどちらも国民にきちんと属していない人々を監視し、通報するよう市民に求める点では同じである。予想のつくことだが、どちらも人種差別的な結果をもたらす。だがどちらに対しても、大規模な拒否行動を起こす機会がある。レイシズムに反対する者は、これらの政策への抗議キャンペーンを継続すべきであり、そのようなチェックや通報を担わされるのを人々が拒否するように促すべきである。

廃絶の旗のもとで政治的エネルギーが形成されつつあることをふまえれば、英国の国家暴力が及ぶ広範な景観において中心を占めているのはテロ対策なのだと、くりかえし強調しておくことは重要だ。テロリズム関連の諸法律は、人々を無差別に職務質問する権限を警察機関に与えた。二〇〇九年にはテロリズム法のもとで一〇万件の捜査がおこなわれたが、テロリズム法違反で逮捕された者は一人もいなかったにもかかわらず、他の容疑で数百名が逮捕された(二〇一〇年にはこのような別件逮捕の権限は違法であると欧州人権裁判所が判定)。二〇〇五年テロリズム防止法のもと、政府は「行動統制命令」を執行することにより、テロ容疑をかけられた市民および非市民に対して自宅軟禁に服するよう強いることができる。自宅軟禁の対象者は、電話やインターネットの使用、就業、他の個人と接触や連絡をとることを禁じられ、特定の住所に留まり、パスポートを当局に引き渡し、電子タグ装着などによる監視に協力することを強制される。要するに、対テロ政策は警察の権限を強化し、監禁国家の及ぶ範囲を拡大するので、英国における廃絶運動は、このような政策と実践の解体を目指さねばならない。

この闘いにおいて私たちが明らかにする必要があるのは、ある集団を狙って振るわれる取り締まり権力はすぐさま他の集団にも行使されるようになるということ、つまり私たち全員に影響が及ぶやり方で行使されるということである。対テロ政策は私たちを守ってくれるように見えるかもしれないが、実際には対テロの取り締まりは監視(とくにデジタル監視)の強化や、イデオロギーと共感(一種の犯罪の前兆《プレ・クライム》として扱われるもの)の犯罪化をともなう。対テロ戦争は切迫性の見かけを帯びながら、法の適正手続きを避け、疑わしきを有罪化することを正当化する。だとすれば、警察が「ギャングたち」に対してテロ容疑者と同様の扱いをすると誓っているのは驚くべきことではない。[15] 同時に私たちは、入国管理の文脈においても、共感と交友関係の犯罪化という対テロ取り締まりを定義する手法をまねて、疑いをかけられたギャングの構成員たちが「非有罪記録」(対象者の交友関係や起訴取消や逮捕などについて警察が保持する記録)を根拠に送還されるのを目撃してきたのである。[16]

以上に見てきた諸事例について全般的に見て取れるのは、排除や収容や送還を執行する権力を無制約にしておくために、法の適正手続きや刑法上の保護が全面的に無視されていることである。すなわちこのような事態は、治安諜報活動《セキュリティ・インテリジェンス》にもとづいて人々が自由を奪われ、しかも、司法の介入によって結果が変わるかどうかは別として、そもそも司法が行政を審査すらしないという事態が通例になる、ということを示している。ムスリムや移民や黒人の「ギャング」たちを人種化することは、このような権限拡張を正当化するうえで主要な役割を担っている。そして、この反「テロリスト」のかたちをとったレイシズムと「犯罪者」反対のかたちをとったレイシズムとは相互作用し、互いが互いを煽り立てる。これらのレイシズムは、内部脅威の言説と国家衰退の言説によって一つに統合され、「納税するまっとうな市民」を敵に包囲された被侵略者の立場に置く――このようなレイシズムの存在を根拠づけているものは、さまざまな内部の敵に対する一種の戦時体制なのである。

罪のない一般人という物語に挑戦することが廃絶運動には求められるが、この原則に対するもっとも大きな課題をなすのが「テロリスト」である。黒人の若者に対する過剰な取り締まりに異を唱える人々であっても、その多くはテロ容疑者の権利を守ることが差し迫って必要だとは思っていないだろう。だが両者に対する取り締まりは密接に連動している。ある移民や犯罪者やテロリストが無実であるかどうかは、最終的には問題ではない。人々の自由を無差別に奪う国家の権限を廃絶とまではいかずとも、せめて制限しなければならない。人を拘禁したり拷問したり殺害したりする国家の権力を削減しなければならない。私たちが認識すべき決定的に重要な点とは、ムスリムは潜在的テロリストであり、文明に対する一種の脅威であり、内なる主敵であるとするような人種化作用が、過剰な国家暴力や執行権の拡張を正当化するうえで主要な役割を担っているということである。

対テロ政策に焦点を合わせることは、監獄廃絶(関連するのは大部分が市民だが、ただし収監により選挙権を剝奪されている)と、国境廃絶(関連するのは主にシティズンシップから排除された移民である)とを橋渡しすることでもある。内部の敵たちのなかでも「テロリスト」は第一級であり、そのことは市民が移民に変えられてしまう事例においてとくに際立つ。このことが示すのは、シティズンシップからの追放こそレイシスト国家が対テロ戦争の文脈においてとる中心的策謀だということである。監獄廃絶の要求は、よりいっそう社会民主的であり、かつ懲罰的性格のより弱い国家の要求――たとえば財政を警察と監獄から福祉国家へと向け変えること――と同一視できることもある。だがその一方で、敵（テロリスト）や非成員（移民）の権利を擁護するためには、そもそも誰が政治的共同体の成員に含まれるのかをもっと深く考察する必要がある。つまり、法律上「テロリスト」や「移民」が外国人にされるのは、追い出されて消え失せてもよい存在にするためなのだから、かれらの扱いをめぐっては排他的なシティズンシップ体制というより一般的な問題――監獄廃絶運動とその組織化の過程ではかならずしも考慮に入れられているわけではない問題――を提起している。

テロリズムをめぐる論争から思い起こされることだが、人種化された外部者をつくりだすことが一国内に閉じた話のままに終わることはほとんどない。むしろそれは戦争に、そして外来の人種化されたグローバルな脅威を構築することに、密接に結びついているのである。つまり「テロリスト」という人物像――収容し、送還し、殺害してもよい存在とするために外国人にされてしまう者――が思い出させるように、懲罰的な監禁的国家との闘いは、「一国内で」異なる集団として人種化された市民たちのあいだの不平等と不正義だけに自己限定するわけにはいかないのである。廃絶運動は、内部と外部の境界線の引き方――法的手段や強制的手段による、そして戦争をつうじた線引き――に対しても挑戦しなければならない。対テロ政策をめぐる考察は、廃絶運動とシティズンシップとの関係という難しい問題への取り組みを実に要求する。

3　シティズンシップの廃絶？

アル・ベルジャウィはレバノン生まれのロンドン育ちだった。二〇〇六年に彼はアル・シャバブ〔ソマリアの有力な武装イスラム主義組織〕に関与しはじめ、二〇一〇年に英国市民権を失った。彼を殺そうとした米国の最初の試みは二〇一一年のドローン攻撃であり、彼に深手を負わせた。最終的に彼がドローンで暗殺されたのは二〇一二年一月、妻の出産を祝う電話をかけた直後のことであった。

クリス・ウッズ、調査報道局、ドローンにかんする超党派議員連盟で（二〇一三年三月一五日）

昨日ランペドゥーザで命を落とした数百の人々は、今日のイタリア市民であります。

イタリア首相エンリコ・レッタ、エリトリア、ソマリア、ガーナなど出身の移民三六〇人以上がランペドゥーザ島近海に沈んだ翌日に（二〇一三年一〇月四日）〔イタリア領最南端の観光地ランペドゥーザ島は、アフリカや中東から欧州に渡る移民・難民の目的地としても知られており、二〇一〇年代以降、地中海を渡ろうとする移民がたびたび同島近海で命を落としている〕

ビラル・アル・ベルジャウィは英国市民権を剝奪された。その二年後、彼は米国のドローン攻撃で殺された。あるいはもしかしたら、アル・ベルジャウィはドローン攻撃で殺されてもいいように、英国市民権を剝奪されたのだと言うべきかもしれない。彼は暗殺のときまでに、グローバル戦争の同盟国によって殺される外国人戦闘員となっていたので、彼の殺害はまったく人目を引かない出来事となった。というのも、外国人を殺害するというのは戦争の通常のあり方でしかないからだ。二年後、ぎゅうぎゅう詰めの漁船でアフリカからイタリアへと向かっていた三六〇人を超える「非正規移民」が、地中海に呑まれた。この事件への反応として、溺死者たちはイタリアの名誉市民権を付与された。かれらは死んだおかげで、かれらの命がけの旅をまったく不必要なものにしたであろうパスポートを贈られたのだった——幽霊のように中身のない、期限遅れの政治的包摂である。これらの件を同時に考察することで、現代のシティズンシップ体制にかんする重要な洞察が得られる。

シティズンシップは国民国家の正当性と権威の中心的要素をなす。市民とは包摂された者、内部者、成員であり、国民体《ネイション》とは兄弟《フラタニティ》、家族、人民である。国家は国民体と、それを構成する市民とを代表し、保護する——必要とあらば、緊急事態を宣言し戦争を始めることによって。これこそ、マイノリティの市民（通常はムスリム）が「反国民的」立場をとると、成員資格を剝奪され、排除と追放と死を強いられることの理由である。シティズンシップは特権なのであり、人民の敵にはシティズンシップへの正当な権利などないということだ。このことはまた、地中海に呑まれた移民たちが死後にのみ国民体に統合されうることの理由でもある。というのも、つまるところ国民は、戦争をするだけではなく、名誉や道徳やリーダーシップを実際に示さなければならないからだ。溺死者たちに市民権を与えることは、そういう類の行為の一環をなす。移動する生きた人間主体としては来て欲しくない人々を、死んだ後に、国民の同情と人間性の証として抱擁するのである。

国家が他国への身柄引き渡しや送還や殺害を実行するまえに市民権をあらかじめ奪うとき、その国家は自国の市民を殺したり送還したりしているのではないというメッセージを発している。外国人だけが排除され、追放され、暗殺されるのであって、市民は国家が包摂しケアする存在だということだ。だが実際には、国家は自国の市民を殺し、死なせているのである――そして、市民を送還することができない場合には、内なる追放の一形態として収監がおこなわれる。言い方を変えれば、外国人だけが暴力にさらされるという主張は、社会的な意味において棄民化された市民、すなわちホームレスや収監された者、もっと一般化すれば貧しい人々が置かれた状況に反している[17]。ナンディタ・シャルマが述べるように「移民を市民にすれば抑圧と搾取の問題は解決するという考えは、まるで市民が抑圧も搾取もされていないかのように仮定することであり、国民的紐帯《ネイションフッド》は階級を超越するというナショナリズムの典型的な神話をこうして再生産している[18]」。

　市民は平等ではないし、国家に守られてもいない。したがって私たちの狙いは、より多くの人々を市民体《シティズンリィ》のなかに包摂することではなく、市民と非市民の双方にふりかかる組織された暴力の相互に絡み合う諸形態――国境、警察、監獄、軍、監視が絡み合う諸形態――と闘うことに定められるべきである。暴力によって成員資格を境界づけたうえで、非市民を無差別な暴力と棄民政策にさらすことを可能にする国家の正当性に対して、私たちは挑む必要がある。これこそ、もっともラディカルな部類の戦争反対の立場――つまり軍国主義や紛争や大量虐殺だけでなく、政治的共同体を組織する一方式としての国民国家そのものに反対する姿勢だ。この反ナショナリズムは夢想家のものである――主権的領土も閉じた政治共同体も存在しない世界のなかにしか人間性の開花を夢想できない人々のものである。

国家の実行するあれこれが市民を犠牲にするので不正だと論じるとき、非市民は権利を——当該国家に説明責任を果たすよう求める権利も含めて——保障されなくても仕方がないと私たちは暗に認めていることになる。シティズンシップの価値を再確認することで、私たちの思考はナショナルな枠組みへと後退してしまう。市民のためだけの包摂を追求することで、私たちの国際主義や地球全体を自由にするという夢はあらかじめ閉じられてしまう。国境廃絶をつうじたグローバルな正義と〔植民地主義や奴隷制などの〕歴史の修復が私たちの目指すものだとすれば、より多くの移民を市民にするよう求めるだけでは明らかに不十分である。高度に不平等な国民国家の集まりからなる現状の世界が植民地主義に根をもつことを、どう考えるべきか。国境の現代的な役割がグローバルで莫大な不平等の維持にあるということは。

もちろん、あらゆる政治には何らかの閉じたメンバーシップが——世界《コスモス》ではなく人民《デモス》が——必要だと考える者が多いだろう。本書で私たちは国家的シティズンシップの後に何がやってくるのかという青写真を描くつもりはない。しかし私たちが何よりも優先すべきは、シティズンシップという偽りの約束を拒否することである。だからこそ本書は、国内的文脈においてアムネスティ〔受刑者の恩赦だけでなく無登録移民の正規化をも指す〕を求めるのではなく、あらゆる住民のために権利と自由の最低ラインを押し上げることを提唱しているのである。これはつまり、非合法化、摘発、収容、送還を遂行する国家の法的権限および強制力を削ぐということであり、保健医療や福祉や教育の制度のなかに国境検査を持ち込むのを終わらせるということである。市民として受け入れられる者を増やすべしという要求よりも、ここに挙げた要求が優先されるべきだ。

市民権がないために「不法」で送還可能な存在として扱われる人々がいるのであり、だからこそ市民権の付与が解決策に見える場合もあるということは、私たちも認識している。実際、個々人の主観においては、市民権を獲得すればより大きな自由と安全が、それにかなりの安心がもたらされることだろう。だが、より多くの人に市民権を付与することは排他的な入国管理のロジックへの挑戦にはならない——ゴールポストの位置を動かすにすぎない。ウィンドラッシュ・スキャンダルのような事件やシャミマ・ベグムのような人の国籍剝奪から思い起こされるのは、シティズンシップに付随する諸権利はいつでも取り消され得るということである。

国境廃絶運動は、不安定な地位にある特定の個人や集団のために市民権を要求するに留まらず、これから来訪するであろう人々の自由をも考慮に入れる。一部の人々が不当なやり方で市民権を剝奪され、そしてさらに多くの人々が自ら故郷と呼ぶ国において市民権を否定されているのは事実だ。しかし、より大きな問題は、非市民を棄民にし、排除し、追放することが根本的な不正だということである。国境廃絶運動は、シティズンシップの魔力にふたたび期待をかけるかわりに、むしろシティズンシップの中心的信条を破壊すべきである。〔植民地主義の文脈で言われるように〕入植者が土着民をつくりだすのと同様に、市民が移民を、すなわち違法とされ、収容および送還することが可能な移民をつくりだすのである。(19) 究極的には、これらの致命的な二元論は国境廃絶運動が確実に粉砕することだろう。

第六章　データベース

国境は「移民」だけに関係するのではなく、私たち全員を互いに結びつける諸関係を形作っているということを、これまでの章では示してきた。国境は市場と人口を組織し、人種的な区別とヒエラルキーをつくりだし、異性愛規範を法律にする。国境はまた刑罰と対テロ政策を煽り立て、かつそれらに煽り立てられる。ここまでに語ってきたことについては、もとより熟知している読者も少なくないだろう。それに比べてあまりよく理解されていない場合が多いのは、国境と、個人識別やデータ収集や監視のテクノロジーとの独特な関連性である。入国管理が身元検査や監視や生体認証《バイオメトリクス》に頼っていることは認識されているだろう。しかし英国内務省の「デジタルをデフォルトに」しようとする熱望や、［ビッグデータを扱う］パランティアのような民間企業が公共サービスの中枢に入り込みつつあることに照らせば、新たに出現したデジタル国境がいかに作動しているかについて、急いで理解を深める必要が反レイシズムおよび移民の権利擁護の運動にはある。

私たちの考えでは、国境廃絶それじたいはテクノロジー嫌悪ではない。国境廃絶にとって重要なのは入管法令の執行機関が保有するデータベースとアルゴリズムを解体することである。このようなデータベースとアルゴリズムはリスクを割り出し《プロファイル》、予測するが、しかし国境廃絶運動は、これらのテクノロジーツールが集団としての私たちのためになるようには機能しない性質のものであることを強調する。他の権力テクノロジーと同様に、データ管理のツールやアーキテクチャーもまた監視や排除や追放のために利用することができ、そしてひとたび開発されれば適用の対象が当初の標的だけに留まることはほとんどない。したがって私たちは、新たなテクノロジーを国家が抑圧的目的のために利用することに対して挑戦しなければならないし、国民国家の不問にされてきた権威ともっとも深いレベルで対決しなければならない――私たちが誰なのかを把握し、法の内部で私たちの位置を固定し、中央集権的かつ〔国家は知るが人々は知ることができないという意味で〕非対称的に情報を保持し、権利承認および保護(ますます不十分になっていくが)とひきかえに個人情報を譲り渡すことを強いる国民国家の権威に対して。実に、国境レジームで情報処理がどんな役割を果たしているのかを調査することで、私たちを統治する国家の形姿と力量について多くのことが分かるだろう。

英国においてテクノロジーと監視を批判する運動で長いあいだ大勢を占めてきたのは、専門化された人権NGOである。プライバシーの権利や表現の自由が強調されてきた反面で、そこで犠牲にされてきたのは、ある種のテクノロジーがさまざまな社会集団に及ぼす不均等な影響を批判的に分析することや、データ保護やプライバシー権の侵害という枠組みではとらえきれないより広範な社会的損害を計算に入れることであった。いまでは事情は変わりつつあるが、しかしいまだにそういう非政府組織は、なんらかの特定のテクノロジーや、それが何をおこなう可能性があるかという点に焦点を狭く絞る傾向に陥りがちだ――その結果として、分析の視座をどこにも明確に立てることのないまま、新たなテクノロジーがそれに組み込まれるところの国家と企業の支配的ロジックにかんする適切な説明もないままに、ただ権利侵害の分析だけに勤しむのである。本章および第七章では、新しいテクノロジーをめぐる議論を、国境の論理とそれがもたらす危害とにかんするより広範な分析のなかに位置づけてみたい。

1　敵対的環境とデジタル国境

二〇一〇年の保守党マニフェストに掲げられた「純移動率〔出移民の数から入移民の数を差し引いた一国の人口増減率〕を一〇〇〇人あたり一〇人にまで減らす」取り組みに追随して、テリーザ・メイは二〇一二年、英国を「不法移民にとって非常に敵対的な環境」にするための計画を提示した（これは二〇〇七年に国境チェックの外注化をともなう敵対的環境づくりに取り組んだ労働党の移民担当大臣リアム・バイアーンに続いてのことである）。敵対的環境の形成にともない、保健、治安維持、教育、住宅、銀行などの諸領域のあいだに入管チェックやデータ共有の仕組みが埋め込まれ、そのせいで移民は必要不可欠な公共サービスや民間財にアクセスできなくされてしまう。この政策の前提として明言されていたのは、無登録移民にとって生活を困難なものにして、かれらがすすんで英国を去るしかないように仕向けるということである。だが実際には、この政策は自発的出国者の数に意味のある変化をもたらしてはおらず、そのかわりに非合法化された無権利の労働者たちからなる一階級の規模を増大させ、さらには〔市民も含めた〕あらゆる人々に影響を及ぼすような資格チェックのインフラを生み出している。

敵対的環境とは、保健省、教育省、運転免許庁、労働年金省、詐欺防止サービス（ＣＩＦＡＳ）、ホームレス支援の慈善団体、そして個々の警察隊といった機関や団体が収集し保有する情報を利用しながら、入国管理を安上がりに外注化しようとする試みである――しばしば個人の認知や同意なしに、さらにはデータ収集に最前線で携わる労働者の同意すら得ずに。規模は莫大であるものの比較的粗雑なデータ照合アーキテクチャーを実装させてしまうことをつうじて、内務省の移民法執行局は、〔以前は手が出せなかった〕信用ある公共サービスが収集したデータを利用しながら無登録移民に対処できるよう試みたのであった。

このような政策と実践は、ウィンドラッシュ・スキャンダルが発覚した二〇一八年春に、激しい公共的議論の主題となった。[1] このスキャンダルは、英国の厳格な移民統制に付随する暴力の注目を喚起した。しかしながら、敵対的環境がつくりだす排除と困窮に、そして不当にも敵対的環境という罠に捕らわれてしまう人々に焦点を合わせようとするあまり、より平凡だが危険性では劣らないデータ管理上の諸要素がこの政策を構成していることを見逃してしまうかもしれない。それらの要素は、ウィンドラッシュ・スキャンダルの解決策をどのように構想しうるかという問題にとって重要な意味をもっている。

ウィンドラッシュ世代にとっての問題は書類不足だと説明する人々もいる。たとえば当局が上陸カードを紛失および破損したことについて、多くのことが暴露によって明らかにされてきた。このデジタル時代にウィンドラッシュ世代の移民は、誤発行された文書や今さら残っていないパスポートといった事情に振り回されているのである。終わりの見えない文書記録の追跡や紛失文書をめぐる問題は安全なコンピューター・システムによって克服可能なので、それを理由に一部の人々は、デジタル国境の拡大こそがウィンドラッシュ・スキャンダルを解決すると考えている。

たとえば反移民論者のデヴィッド・グッドハートは、共同執筆のレポートでこう述べている。「ウィンドラッシュ・スキャンダルに巻き込まれた、その多くが高齢のカリブ移民たちは、手続きそのものではなく、手続き上の不始末の犠牲となったのである」[2]。このレポートは、非正規移民のより大幅な取り締まりの一環として、国民IDカードのスキームを導入することを呼びかけた。別の言い方をすれば、敵対的環境政策が適切に運営されるには、デジタル・データベースに連動させられるはずの国民IDカードを全市民に発行する必要があり、そうすることで「ウィンドラッシュ世代の移民」のような正当な権利をもつ移民集団が「誤って」取り締まりの標的にされることも防がれよう、というわけである。このじわじわと忍び寄る技術的解決主義は、EU移民のためにQRコードを発行して法的地位のチェックを簡易化しようという、EUの市民的権利に取り組む諸団体の呼びかけにおいても再現されている。そのような解決策を提案することで、権利の請求が可能な法的地位をもたない移民とは連帯できないという手痛い欠落を露呈させるとともに、法的地位の有無にかかわらず、必要不可欠なサービスへの普遍的アクセスを確立するほうが誰にとっても良いのだという事実から目を背けているのである。

つまり、もし「敵対的環境」のような政策は無関係な人々を誤って標的にするから悪いのだと主張するならば、そのときには高い確率で、さらに厳格かつ効率的に個人識別と排除をおこなうシステムが解決策にされるだろう。ここで私たちは、廃絶主義者と改良主義者とを必然的に分かつ重要な分岐点に到達している。改良主義者にとっては、入管システムを改良して、事案をよりうまく分類して処理し、条件を満たす人にはより確実に法的地位を与え、無登録移民にはより迅速に退去を実施させるやり方を追求することは、それ自体が立派な目標でありうる――または少なくとも、現状の政治において望みうる最大限の目標でありうる。たとえばウィンドラッシュ・スキャンダルに対する改良主義の見方は、現実に無登録または「不法」の状態にある人々が敵対的環境政策に屈するのは正当なことだという想定を、ほとんど揺るがすことがなかった。

だが廃絶運動の参加者たちにとっては、ウィンドラッシュ世代の人々の証言が死活的に重要である理由は、敵対的環境政策が〔書類不足のために「誤って」〕もたらした物理的および精神的な損害を際立たせるだけでなく、万人のために敵対的環境を終わらせる、より広範な運動の空間を切り開くためでもある――とくに政府が正規移民の地位を定める線をいとも簡単に引きなおせることをふまえれば、この政策は誰に対しても終わらせる必要があるのだから。外見上は反レイシストでありながら左派ネイティヴィストでもあり「福祉は誰よりもまず市民のために確保される」べきと認める人々は、シティズンシップとは安全地帯などではないことを思い出すほうがいいだろう(3)。より多くの人を「市民」という箱に詰め込もうとしたところで、入管の排除のロジックに対する挑戦にはほとんどならないのだ。

2 個人識別と近代国家

国家を近代的たらしめている要素は、個人を識別し、人口を調査／監視(survey/surveil)する能力である。国家は人民を統治し、管理し、制御できるようにするために、人々を「読み取り可能」にする

――労働者、納税者、徴用兵、犯罪者、移民として。[4] 初期近代の諸国家は人々を読み取り可能にしようと努めたが、それは税と兵役を課すためであった――ただし〔当時はまだ〕すべての個人を一人ひとり把握することは必須ではなかったが。近代国家が発展すると、政府は個人を正確に識別し、各人を他の人々から区別できるようになることを目指したが、こうして人口についての情報は標準化され、中央集権的に蓄積されるようになった。個人の身元の特定は、さまざまなかたちの契約――たとえば土地の賃貸や販売の契約――にとって重要事となった。さらには内政《ポリシング》が命ずるところからしても重要事項となった――この者は再犯者であるか、この者は元脱走兵ではないか、と確認することが不可避となったのである。名前の標準化や署名の使用、それに後の時代の写真や指紋の使用など、すべては個人の身元を特定するための努力であった。[5]

一九世紀のヨーロッパにおいては社会の産業化と都市化がますます進行し、移動性がますます高まっていたので、それを統治する国家は、より信頼のおける方法で個人を特定しなければならないと感じていた。フランスでは、〔警察官僚の〕アルフォンス・ベルティヨンが人体測定学《アントロポメトリー》(身体測定)を体系的に発展させ、個々の犯罪者とくに再犯者の身元を特定するために役立てようとした。他方で英国においては、優生学の父フランシス・ゴルトンが指紋による個人識別を提唱した。ヴィクトリア時代後期の科学において人種思想が中心を占めたことをふまえれば驚くことではないが、個人の生体情報の収集をつうじて、人種的差異をより正確に分類および理解できるようになると期待されていたのだった。個人を識別することは、個人を固定された人種的集団区分へと分類することと連動していた(今もしているが)。一九世紀末から二〇世紀初頭にかけて、前述の内政上の最優先事項に匹敵したのは、外国人の移動を統制せよ、とくに戦時にはそうせよというナショナリストの要請だけであった。そして、これら二つの要請は「浮浪者」や遊動民《ノマド》の取り締まりへと収斂したのである。こうして格別の身元証明書であるパスポートが、人口を国民化し、人々の移動をより実効的な監視と管理に服させるために機能したのだった(6)。

近代的な国家の統治技法《ステイトクラフト》をめぐる歴史的研究の多くは、ヨーロッパ中心的だという正当な批判を投げかけられてきたのであって、しばしば植民地が個人識別と監視の新技術の実験場にされたということは認識すべき重要な点である。シモーヌ・ブラウンが詳しく論じたように、奴隷通行証《パス》はパスポートの原型をなす文書の一種として理解されうる。幾人かの歴史家が示したように、指紋の実用化が進んだのはヴィクトリア期のロンドンではなく、植民地化されたインドや南アフリカにおいてであった(7)。

とはいえ、個人識別システムそれ自体が善い、悪いという話ではない。このシステムは、ある場合には保健サービスや社会福祉へのよりよいアクセスを確保しうる(たとえばワクチン接種のために人々が識別可能であったり、保健サービスの提供機関が個人の医療記録を保持可能であったりするのは多分よいことだろう)。しかし国家は、労働者を統制および搾取し、人口を領土に囲って国民化し、御しがたい人々を取り締まるという主要な大権を手にしているのだから、国家による個人識別の諸手続きはさまざまな排除の中心的な手段として利用されてきた。個人識別の実践は、アクセスの許可と同時に拒否を常にともなう。管理し統制し取り締まるためには、個人を識別し、身元確認し、そして中央集権的に蓄積された個人情報を保持しつづける必要がある。個人識別のための諸技術は長い年月をかけて変化してきたが、しかし顔認証や相互運用型デジタル・データベース（異なる組織等のあいだでアプリケーションやシステムを介して自動的に情報を交換可能にしたデータベース）からなるディストピア的世界にまで到らずとも、差別化と隔離と排除というロジックが貫かれているのを見て取ることができる。この歴史を念頭に置くことで私たちは、ただ恐るべき新技術を指さし非難するだけでなく、一体どんなロジックによって顔認証や厖大なデータ集積体《ヘイスタック》といった諸技術のイノベーションとマーケティングが駆動しているのかを問えるようになる。

3　IDカードとデータベース国家

個人識別のテクノロジーが近代国家の統治技法の中心をなすことを認識すれば、国境化の実践が有する、他の国家の諸実践との広範な関連性をよりよく考察できるようにもなる。たとえば英国の文脈においては、敵対的環境政策を支えているデータの掘り起こし《マイニング》と照合《マッチング》のアーキテクチャーは、大衆監視やデータ・ハーベスティングといったより幅広い国家的実践から切り離すことができない。九・一一以後に進んだ市民的自由への攻撃および犯罪・騒乱に対してのより広範囲にわたる弾圧に触発されて、英国は二〇〇〇年代末までにDNAデータベース、国内過激派データベース、ギャング・データベース、テロ対策データベースを導入し、また厖大なコミュニケーション・データを傍受するなどした。保守党は二〇一〇年に自由民主党との連立政権を発足させたが、興味深いことにそれは、部分的には「監視国家の台頭に向かう傾向を逆転させる」という公約にもとづいてのことだった。というのも、それに先立って、労働党政権が数年がかりで導入しようと取り組んでいた全国的なＩＤ発行計画があったからだ。この計画は、すべての英国パスポート申請者の個人情報を全国データベースに登録するものであり、さらには原則非強制ではあるものの全国的なＩＤカードを発行する可能性をも想定していた。労働党政権はこのシステムを二〇〇八年に導入し、続く数年間にいくつかの地域で部分的に運用開始する。その後、二〇一〇年に保守・自由民主連立政権が発足したとき、この計画のなかで唯一廃止を免れて残されたのは、予想できることだが、移民に対してのみ発行される生体認証滞在許可証であった〔英国のバイオメトリック在留許可証は、指紋と顔写真データのデジタル情報が含まれた在留許可証だが、二〇二五年一月一日にオンラインで閲覧可能なｅＶｉｓａ（電子査証）に置き換わる予定〕。

国民ＩＤカードをめぐって生じた問題は、英国的な文脈をふまえると興味深い。市民的自由がらみの他の問題とは違って、議会内での国民ＩＤカード反対の合唱は、歴史的に見れば、ＩＤカードの強制発行という発想を嫌う保守党の声を含んでいた。ブリトン人はゲルマン人や他のヨーロッパ諸民族とは違って自由を愛する民なのだというナショナリスティックな決まり文句は、コストや官僚主義にかんする議論と結びつきながら、国民ＩＤカードの導入を長年にわたって阻んできた。その結果「ブリトン人は身分証よりも車を見たほうが身元を特定しやすい」と言われるようになった(8)。

しかしデジタルな敵対的環境のなかには、入国管理を行ううえで必要とされる範囲を優に超えた別の目的に転用されうるようなアーキテクチャーの基盤が見出される。結局のところ資格のチェックのためには全員がチェックを受けねばならず、移民と見なされた人だけに限定されるわけではない。近年のコロナウイルス感染爆発に対して保守党政権が見せる権威主義的な対応――ワクチンパスポートと、より広い範囲に及ぶ取り締まりの権力との両方への——が示唆するように、強制的IDに反対するための連立政権〔と呼べるような保革の一致〕は綻びを見せつつあるのかもしれない。

二〇二〇年九月の『タイムズ』紙報道によれば、英国政府はオンラインIDカードとデジタルIDシステムを創設しようと計画している〔デジタル・アイデンティティ(ID)とは「人間や機器などの主体を情報システム上で識別・認識するための情報の集合」(オンラインIT用語辞典「e-Words」)〕。この計画のもとで、人々は「〔NHS(国民保健サービス)の適用を受けるために〕新しいかかりつけ医を登録する場合などに役立つように、固有のデジタルIDを割り当てられる」だろう[9]。同時に政府は、投票者抑制《ボーター・サプレッション》という何度も実験済みの戦術から学んで、国政選挙で投票するさいに当局がIDを確認する権限を与える法を導入している〔実際に、投票者IDチェックを盛り込んだ二〇二一年選挙法案をめぐる議会審議で、ID確認が特定の投票者を抑制する効果をもたらしうるという懸念が表明された[10]〕。その一方で、内務省は「地位チェックプログラム」を強力に推進しているが、その狙いは移民法執行のため、市民と移民の双方に対して行われる法的資格のチェックおよびデータ共有をさらに自動化し、かつ強化することにある。あたりまえのことだが今も昔も、IDをめぐる議論がカード状に成形されたただのプラスチック片にかんするものであったことなど一度もない。それらの議論では政府の中央集権化されたデータベースがどのような性格と規模をもつのかが問われてきたことは明らかだ。デジタルIDシステムは、保健から納税、入国管理から教育まで、数多くのさまざまな機関が取り扱う記録に、政府の諸機構が横断的にアクセスすることを格段に容易にする。それまでは縦割りで目的ごとに利用を制限されていたデータセットどうしを連動させることで、政府は私たちの生活のほぼあらゆる側面にかんして詳細な絵柄を描く。そのうえで政府は、デジタルＩＤシステムが私たちについて知っているつもりでいることにもとづいて、必要不可欠なサービスへのアクセスを許可したり拒否したりすることで、私たちの現実の生活に介入するのである。

敵対的環境が強制的ＩＤへの需要の増大を導いたように、コロナウイルス感染爆発は国内での身元チェックやデジタル登録システムへの需要をさらに強化した。ＩＤカードを導入しようとして失敗した英国の元首相により設立されたトニー・ブレア研究所は、強制的ＩＤシステムの導入を迫るロビー活動に長く取り組んできた。感染爆発がはじまるや否や、同研究所は「移動資格証明」と露骨に名付けられたワクチンパスポート〔ワクチン接種の証明書のことで、旅券ではない〕を推進するためのロビイングを開始した。ワクチン接種の状態や抗体のレベルを確認するためのアプリをダウンロードできるのは便利だと、多くの人々は思うだろう――行政サービスにアクセスするために単一の国民識別番号をもつことを喜んで選ぶのと同じように。だがこれらの技術が可能にするのは、新しい、より全面的な監視と排除である。「公衆衛生の保全」を掲げながら、国家は比較的容易に新しい権限をつくりだしてきた。個人のレベルでリスクを特定すると称する生体監視ツールは、ひとたび標準化されれば他の目的のために容易に転用可能なものである。ところが〔コロナウイルス対策のために〕本当に必要とされていた公衆衛生インフラを整え、安全基準を満たさない労働現場に法を執行し、隔離が必要な人々を社会的および経済的に支援するために、より大きな予算措置が実に要求されている状況において、〔以上のような対ウイルス施策を差し置いて〕生体監視ツールが導入されたのであった。

ＩＤシステムについて言えば、納税の記録をより迅速に反映したり、感染爆発の時期にパブに行ったりするのを可能にするよりも、〔見落とされているが〕はるかに重大な論点がある。資格チェックが円滑になればなるほど監視と排除の能力が洗練されていくうえ、歴史的経験から分かるように、政府のチェックの対象にされる人々のリストが長く未改訂のままであることはほとんどなく、リストは拡張されるのが常だ。私たちがやるべきことは、IDチェックをもっと容易にするために国家と企業の監視能力を大規模に増強させることではない。そうではなく、必要不可欠な財やサービスへのアクセスにそもそも条件をつけて制限することじたいと闘うことこそ、私たちのすべきことなのである。コロナウイルス対策の文脈においては、公衆衛生にかんする啓発的な情報発信やワクチン・アウトリーチ〔接種を最も弱い立場に置かれた人々にまで積極的に拡大すること〕、隔離を要する人々への財政的・社会的支援をそれは指す。その一方で、敵対的移民政策との関連においては、それは何を意味するか。答えは至極単純だ、つまり敵対的移民政策の廃止である。ここにおいて、改良主義者と廃絶主義者は共通の立脚点を見出せるかもしれない。警察や保健サービスや教育機関が有する情報を、入管法令の執行機関がアクセスできないように遮断《ファイヤーウォール》するべきことを認めるために、人は廃絶論者になる必要はない。少なくとも公衆衛生の保全や重大犯罪の被害者支援や子どもの教育が入管法の執行よりも優先されるべきことについては、合意形成が可能であろう。

デジタル国境の潮流を食い止めるために役立ちうるいくつかの非改良主義的な改善策がある。その多くはデジタル国境の論理をかき乱すとともに、その論理が実行に移される際のさまざまな具体的手順や方式に反対することを狙いとしている。英国では「警察ではなく医者を」(Docs Not Cops)、「国境管理に反対する大学連合」(Unis Against Border Controls)、「子どもたちを標的にする国境に反対する会」

（Against Borders for Children）といった団体が、敵対的環境を手段とする入管政策への反対運動を繰り広げ、移民法を執行する共犯になることを拒否し、これに抵抗するよう教師や保健分野の専門家に働きかけてきた。米国では「ＩＣＥ〔移民関税執行局〕をテック化するな」（No Tech for ICE）の運動や、無登録者の権利運動を労働者の権利や普遍的健康保険のようなより一般的な運動のなかに位置づけて取り組む動きが、日常生活のなかに国境が浸透してくる事態と対抗してきた。そうした運動が、基本的な権利と尊厳をもつに値するのは市民だけであるべきだという観念や、人間の不幸から引き出された〔政策上の〕利益であっても有効と見なされるべきだという考えに挑んできたのである。

必要不可欠な財とサービスへのアクセスを条件つきのものにする国家の権力に挑戦し、この権力を弱めなければならない。国家がおこないうる排除の規模と速度を、新技術は劇的に増大させつづけるだろう。ここにこそ、移民の権利の支持者たち、国家のレイシズムに懸念をもつ人々、より広く言えば進歩派の人々にとって、デジタル技術に対する自分たちのリテラシーをもっと高めて、テクノロジー的ディストピアを構築する私営企業と政府に挑戦できるような連合を立ち上げねばならない理由がある。考える必要があるのは、新技術が意味のあるかたちで利用目的を制限され、必要とあれば禁止されるようにするための安全策《セイフガード》とは何であり、医療や教育や福祉支援などにおける情報が入管法の執行や取り締まりに利用されないようにする遮蔽手段《ファイヤーウォール》とはどのようなものかである。

また同時に、可能なかぎり広い意味における人間性の開花に資するためには、さまざまなデータセットをどのようなやり方で配置《デプロイ》すればよいのかを想像してみる必要もある〔ＩＴ用語としての deploy は、ソフトウェアやデータセット、とくにコンピュータで自動処理するための大量の標本データを実際の運用環境に合うように配置することを指す」。そのような解決策は、より善意のある国家が公共的データを取り扱うべきだと指摘するよりも独創的でなくてはならず、加えてデジタルインフラ〔ハードウェアや電力〕を支える資源採取と環境汚染のさまざまな政治経済学〔環境レイシズムなども含む〕を考慮するものであることが必要だ。こういう茫漠にも思えるようなさまざまな問いかけに対して本書は万全の回答を与えるわけではない。むしろそのような大きな問いを発しはじめることが重要な本書の狙いなのである。

4 デジタルIDシステムとグローバル貧困層の管理

デジタル国境の拡張に勤しんでいるのは英国だけではない。EUは「単一の包括的なEU情報システム」を導入しようと計画中である。このシステムの目的は「さまざまなより幅広い目的のために多数の人々から集められた、より多量の個人データの処理をつうじて」、加盟国が「シェンゲン圏内〔シェンゲン協定を締結したEU加盟国間での入国審査なしの移動圏〕に非正規に留まっている者の所在を、よりいっそう効果的かつ効率よく特定し、これを排除する」のを支援するところにある。[11] EU加盟国のデータベースを一体として機能させるべく、それらを相互運用可能にすることが計画されているのだが、この計画はまさしく、統一的な「生体認証サービス中継路《ゲートウェイ》」を構築したいという英国内務省の熱望と鏡写しである。[12] 現在構築中のデータベースである共通IDリポジトリ(CIR)は、EUにおける既存のさまざまなデータベースからプールされた、個人の経歴情報や生体認証データを含む最大で三億件もの記録を貯えておくことができる。このリポジトリの運営方式は、原データを特定の明示された目的以外には収集してはならないという、データ保護の主要な原則の一つに反している。CIRはIDチェックを簡易化し、犯罪捜査を補助するだろうというのだが、そのデータは「重複ID検出システム(MID)の導入をつうじて、複数のIDを使い分けて利用している非EU加盟国民を突き止めるために、大規模かつ自動化されたクロスチェックにかけられる」(13)。このデータインフラは、実際には加盟国当局の利用に供するため、さまざまなデータベースを超国家レベルで〔加盟国ではなくEUレベルで〕統合したものだが、近年までは考えられなかったような個人識別と監視の能力をつくりだすことだろう。そして敵対的環境政策における「地位チェックプログラム」と同じように、CIRもまた対市民の技術として容易に拡張されるだろう。

新たな個人識別の形態を政府が実験しているのはヨーロッパにおいてだけではない。実際のところ、生体認証方式の国民データベースの主要な試験場の多くはグローバル・サウス、おもにアフリカやアジアのかつて植民地化された国々である。そこではプライバシーやデータ保護はより弱く、それゆえに政策の実験および利潤の獲得のための選択肢は大きい。大半の場合、国民データベースを導入するための主要な論拠は、排除ではなく包摂の語彙によって構成される——金融的包摂、民主的包摂、福祉への包摂などの。個人の身元を認証することによって、政府や国際機関は将来、人々のサービスへのアクセス、とくに金融サービス(銀行取引、借入、援助金)へのアクセスを改善できる、またはそういうことで話は進んでいる。このイニシアティヴが依拠しているのは、国連の持続可能な開発目標(SDGs)一六・九「すべての人々に出生登録を含む法的な身元証明《リーガル・アイデンティティ》を提供する」であり〔住民登録の抹消や無国籍を防ぐことが趣旨〕、そこでは身元証明が基本的人権として定義されている。しかしながら、国家による個人識別《アイデンティフィケーション》のこれまでの諸形態と同じように、ここで見てきた諸技術もまた、基本的サービスへのアクセスとその拒否との双方の手段を付与するものである。その一方で、より正確な個人情報というものは、国家や国際機関による管理と排除の範囲をさらに拡げるための道具となる。

二〇一三年以降、ケニア政府は一種の大規模な一斉登録を実施しようとしてきた。それはケニアに居住するあらゆる個人の生体認証情報および経歴情報の収集を目指すものである。ケニア政府はフドゥマ・ナンバ計画のもとで、すべてのケニア市民に固有のＩＤ番号と国民ＩＤカードを割り当て、個人と国民データベースとの照合を可能にしようとしている［スワヒリ語でHuduma Namba は「サービス番号」の意味だが、二〇二三年八月、ケニア政府はこれを「生活《マイシャ》ナンバー」制度に置き換えると発表、しかし二〇二四年七月の時点でその施行は延期されている］。この国民ＩＤシステムは詐欺を防ぎ、投票制度を現代化して民主的なものとし、よりよい「包摂」を保証するだろうと論じられているのだが、ただし「真実のただ一つの情報源」という計画の標語には、やや不吉な響きがある。この政策に対してはさまざまな懸念が表明され、そして二〇二〇年初頭にはケニア高等裁判所が、データセキュリティ（とくに指紋と顔写真の）を保証するためのさらなる立法措置なしに、および特定の社会集団（とくにヌビア人とソマリ人）の排除を避けるための予防措置なしに、全国統一ＩＤ管理システムを継続すべきではないと裁定した。この決定にしたがって政府は、前述の懸念に対処するための諸措置を講じた。二〇二〇年一〇月までに、三七〇〇万人のケニア市民が登録され、プログラムは次の段階すなわちＩＤカード作成へと動きはじめた。

ジャマイカでも似たようなプロセスが展開された。国民ＩＤシステム（ＮＩＤＳ）のもとでジャマイカの市民および居住者は、生涯変わらない固有のＩＤ番号を発行されることになるが、国民データベースに「安全に保管される」であろう経歴情報と生体データがそれに紐づく。[14] この個人識別システムはマイノリティや移民の排除を念頭に置きながら構想されたわけではないが、しかし米州開発銀行による大規模な資金提供を受けて計画が着手されたということが事の本質を物語っている。ジャマイカの経済・社会政策におけるかなりの部分を形成してきたのは、国際機関と大国であった——観光であれ経済政策であれ、この場合のように国民ＩＤシステムであれ。米国と英国とカナダは、ジャマイカ発の違法薬物、武器、電話詐欺をいまも懸念しているが、それらはみな国家横断的なネットワークと違法に得られた資金の移転とを伴う。したがって、ジャマイカ国家が現代化された手段で個人を識別し、金銭授受を監視できるようになることは、大国の内政上の優先課題のために役立つのである。

ここで重要なのは、どんな動機から生体情報入りの国民データベースを立ち上げようとするかは場所に応じて異なるということだ。ただしグローバル・サウスの国々では、正真正銘の国内政策上の問題に動機づけられることはまれであり、大国や大きな国際的制度の要求に配慮する傾向がある。この要求は、産業国と低開発国とのあいだでのヒトやカネ、そして違法なモノの出入りを、より大幅に監視および管理しようと欲するものである。

このことは、アフリカや中東からの非正規移動を制限し管理することを目的としたＥＵの開発プログラムにおいて、何よりも明白に表れる。第三章で短く言及したが、ＥＵアフリカ緊急信託基金（ＥＵＴＦ）は、毎年数十億ユーロを費やしながら「非正規移動の根本要因に対処」しようと試みている。重要な点として、このプログラムに組み込まれているスキームの多くは、国家の対処能力を高めるため、まさに国家による個人識別と監視のシステムを現代化することに関連づけられている。たとえば二〇一八年にEUTFは、非正規移民および人身取引へのもっと効果的な対処が可能になるようにという期待から、西アフリカのカーボベルデとギニアビサウで、安全な身元情報チェーンの仕組みを現代化および強化するために五〇〇〇万ユーロを投じた。複数の組織の観察によると、EUが資金供与したこれらの個人識別および監視システムは、資金受領国の政府が自国民を統制し、市民的自由を奪い、政治的反対派を抑圧するために使われている。[15]

英国とヨーロッパにおける現代型データベースは、それが自明の理であるかのように、疑わしい集団を標的とした敵対的環境をつくりだすために設計されることだろう。その一方でグローバル・サウスのデータベースは傾向として、これから移住を始めようとする人々を端《はな》から妨害することに焦点を合わせている――この目的は通常、開発と包摂という言葉によって隠されている。国連SDGsの目標一六・九「すべての人々に出生登録を含む法的な身元証明を提供する」は、表面上は万人の民主的要求および司法へのアクセスの能力確保を意図してはいるが、実際にはグローバルな貧困層の制御しがたい移動の統制をめざす諸機関の役に立っているのである。

世界銀行の「開発のためのID」(ID4D)プログラムは「諸国がデジタルIDシステムへの革新的ポテンシャルを実現できるよう支援する」ことを約束している。[16]まさにこのことから想起されるように、英国内務省だけではなく、実のところ「国際社会」の設計者たちこそが〔入管や住民登録において〕「デジタルをデフォルトに」しようと熱望しているのである。国連高等難民弁務官事務所(UNHCR)は、支援を求める難民を登録するために、指紋や眼の虹彩認証を利用している――マーク・ラトネロが「監視人道主義」と呼ぶものの実例だ。国連世界食糧計画（WFP）は、食糧支援を受ける数百万の人々の個人情報を管理するために、データマイニング企業のパランティアと提携している（同企業については第七章を参照）。これらの事実から気づかされるように、生体IDとデータキャプチャーは総じて批判的検証を免れている。(17) そうだとすれば、デジタル化の現状にかんする公衆の集合的理解を促進するようなやり方で、これらのシステムがどんなものであるかを〔批判的に〕評価する必要がある。さらにまた、国境管理テクノロジーの開発のために注ぎ込まれている厖大な資源についても理解を深めなければならない。そうすることで、いまのところ国境管理に費やされているそれら資源を、〔生存手段へのアクセスなどの〕人間に生命を与える《ライフ・ギビング》構造および実践へと転用し直すための議論をもち出すことができる。そのような構造および実践こそ、国境管理テクノロジーを長期的にはもはや廃れて不用《オブソリート》になるところにまで追い込むことになるだろうからだ。

5　アイデンティティ・ポリティクス

人は単一ではない。多面的でありながら、かつ自分自身なのだ。人は多面的だからといって自分を見失うわけではない。人は多面的だからといってばらばらに分裂してしまうわけではない。

エドゥアール・グリッサン〔E. Glissant, M. Diawara, and C. Winks, 'Édouard Glissant in Conversation with Manthia Diawara,' *Nka: Journal of Contemporary*

African Art 28 (https://www.muse.jhu.edu/article/453307)〕

政治的立場の左右を問わず、人々は自分が「アイデンティティ・ポリティクス」の問題と見なすものに執着しているように見える。この語はいまや広く使われているが、その語を創り上げたコンバヒー・リバー・コレクティヴ〔南北戦争でハリエット・タブマンが北軍を指揮して勝利を収めた川の名にちなんで一九七四年ボストンで結成〕が推進したブラック・フェミニストの政治からはまったく切り離されてしまっている。[18] この活動集団が「アイデンティティ・ポリティクス」という語を使ったのは、概念の上で物事を抽象化するためにではなく、黒人女性の内在的価値を肯定するためであって、レイシズム、セクシズム〔性差別〕、資本主義、異性愛的家父長制という四重の抑圧の噛み合わせ《インターロッキング》に対して抵抗運動を組織した彼女たちの経験と、この運動の組織化をめぐる彼女たち自身の分析から、この語は出てきたのである。アイデンティティ・ポリティクスという概念に導かれて、彼女たちは「女性や第三世界の人々や労働者の生を侵害するものならどんな状況にも」関心をもった。[19] 彼女たちの闘争は、社会主義をめざすとともに中絶権の要求と強制断種という虐待〔とりわけ先住民や非白人女性、障害者を対象に歴史的に行われてきた〕への反対とを突きつけ、さらに保健医療の改善を求めるものだった——いまでは「アイデンティティ・ポリティクス」という語をよく利用するようになったリベラルな言葉使いでなされる議論とは、ずいぶんかけ離れた要求だ。

国境廃絶に取り組む者にとっては、いかに運動や人々を組織すべきかという戦略を考えるうえでコンバヒー・リバー・コレクティヴの「アイデンティティ・ポリティクス」から学べることが多くある。

彼女らの標語が意味するところに立ち戻ってみることは、より幅広い連帯や集団をつくりだすことを妨げている閉じられた偏狭なアイデンティティに対する挑戦の助けになりうるだろう。

ただし同時に、精神分析やポスト構造主義やポストコロニアリズムが提起した問題についても注意深く考察すべきだ。アイデンティティや自我をめぐる支配的でリベラルな諸観念に対して、これらのアプローチはさまざまな方法で揺さぶりをかけている。それらはアイデンティティの理論化を別様なやり方で、つまり同一化《アイデンティフィケーション》の完結を迎えることもなければ〔完全に〕決定づけられてしまうこともない多様な過程として捉えることを促す。それらに気づかされるのは、自我とは分裂し断片化され、多面的で偶発的なものだということである——ひょっとしたら自分自身ですら知りえないものかもしれない。

スチュアート・ホールはアイデンティティを存在の固定された状態としてよりも、私たちが夜によく眠れるよう自分に向けて語る物語のようなものとして描き出す[20]。しかしながら、もし文化的アイデンティティのおかげで私たちはよく眠れるのだとしても、今度は国家による個人識別《アイデンティフィケーション》が私たちを眠らせないようにするだろう。アイデンティティの諸理論はある意味で雑多なものに発展したが、その一方で国家は、私たちを固定的な存在にしておくための新しい方法を編み出してきた。私たちは開かれた同一化《アイデンティフィケーション》の過程を言祝いでいるが、その一方で国家は、新しい、より完全な方法を駆使しながら私たちを個人化《アイデンティファイ》して識別してきた。

そうだとすれば国境廃絶の政治のためには、アイデンティティの教義を、いまや法的および技術的レベルでは〔つまり国家の個人識別としては〕拒否することが必要なのかもしれない。かつて二〇世紀の急進的理論が同じアイデンティティの教義を文化的および実存的レベルで「つまり主体の解放という文脈で」つかんだのと同じようにである。廃絶運動が展望するのは、私が単に私であるだけではなく、他の多くのものでもあるような世界である。私は未決定の存在なのだから、私自身にすら自分が何であるのかはっきりしないというのに、なんらかの中央当局が私を認識したり捕捉したりできるわけでは必ずしもない。このように考えるならば、エドゥアール・グリッサンが促すように自我を他者に対してラディカルに開け放つためには、国家による個人識別システムを解体することが求められているのかもしれない——このシステムこそが私たちの存在がその根本において固定されているかのように、つまり多面的ではありえない単数形としてのみ私たちが存在するように強制しているのである。

　つまり言いたいのは、私たちは「アイデンティティ・ポリティクス」を間違ったやり方で論じることに力を浪費しすぎているのかもしれないということだ。私たちが生きる場所としたいような世界を築くためには、文化を他者に向けてラディカルに開け放つ必要がある。この取り組みにおいて私たちは、同一性《アイデンティティ》に対抗する雑多な同一化《アイデンティフィケーション》の過程を祝うとともに、国家による個人識別《アイデンティフィケーション》およびアイデンティティ固定化の過程に対しても抵抗しなければならない。どうにかして自我と文化のラディカルな開放を動員することで、私たちの側を固定し、取り締まり、監視する国家の権力に対抗していくことはできないものだろうか。「アイデンティティ・ポリティクス」についての皮肉や不平を洗練させるよりも、ここに述べたような諸闘争をどうやって結びつけていくかを想像し、そして実際に諸闘争を連携させていくほうが、きっとはるかに革命的な結果をもたらすだろう。

第七章　アルゴリズム

私たちは黒人であり、国境警備員に嫌われている。それにかれらのコンピューターにも嫌われている。アディス、ベルギーのブリュッセルに法的地位なしで暮らす

もし私たちが未来や世界を別のものに、よりよいものに、あるいはより公正なものにしたいと欲するならば、どんな種類の知的ネットワークが私たちの未来をすでに予言しているのかに気づくことが大切である。

キャサリン・マキトリック『拝啓、科学さん――小話集』(Katherine McKittrick, *Dear Science and Other Stories*)

国境を論じた多くの本とは違って本書では、物体的意味での国境や、見世物じみた暴力の現場については、意図的にほんのわずかにしかページを割いてこなかった――つまり〔北アフリカに残るスペイン領の〕セウタやメリリャ、〔難民船と救助船とフロンテクスとがせめぎあう〕地中海や〔同様のせめぎあいの舞台である英仏間の〕イギリス海峡、それに〔ギリシャの〕レスボス島やトルコや〔米墨国境沿いの〕アリゾナ州の難民キャンプ、あるいは〔パプアニューギニア領〕マヌス島やナウル共和国にオーストラリアが設けた

難民申請者の収容施設のような。それは部分的には、極端な事例だけを強調することによって、かえって入管による排除の暴力をその緩慢さゆえに普通なものに見えるようにするのは避けたいという理由からである。だがそれはまた、フェンスや壁や収容施設を強調しながら、軍事化されたハードな国境に、そのごつごつした物体的性質に焦点を狭く絞りすぎてしまうとき、大事なものを見落としてしまうからでもある。著者たちの考えでは、国境を固くなっていくものとして描くこと——たとえばEUを「要塞」と呼ぶこと——では、世界のなかで国境がおこなっていることを部分的にしか捉えられない。(1)

国境はますます機動的かつ柔軟かつヴァーチャルなものに、そして外部化されたものになりつつある。国家は移民を空から見張っている。つまり領土の外縁としての国境から遠く離れて砂漠や海を見渡す無人航空機によって監視している。アルゴリズムは法執行にかんする決定を下す——誰を収容し、誰を送還するのかを決める——ために大量のデータを参照する。つまり、ソーシャルメディア〔SNS〕のアカウントや金銭取引の記録、それに無限に大きな政府データベースから収集されたヒトとモノにかんする追跡情報を参照する。このような国家の実践は、著者たちがこれから書き記すようなやり方で試験され、試行され、実用化されつつある。入国管理にはどんな未来がありうるのか。そのような未来は現在という時間のなかにどんなかたちで現れているのか。そして、今はまだ基礎が固まっていない統制の道具に対してどのような抵抗の形態が必要になるだろうか。

ドローン監視やアルゴリズムのようなテクノロジーが移民や国境にとって何を意味するかを考え抜くことで、これまでの考察と同じように私たちは、そのようなテクノロジーを道具にする国家はどんな姿をとるのかという問題や、アルゴリズムの知と管理統制の〔結合がとる〕新たな形態というもっと一般的な問題について考えるように導かれる。とくに、この分野での政府と私企業との結びつきには、あらためて注意を向ける必要がある。パランティアやアマゾンやＩＢＭのような企業は「ハイテク」国境化により大儲けが見込める立場にある。権威主義的で反移民的な諸政府は、その理想的な顧客だと判明しつつある。二一世紀において国境解体に取り組む人々は、これらの企業を抗議と介入と行動の現場にしなければならない。

1　ロボット国境とドローン警察

この二一世紀に私たちは難題に直面しているのですが、それには二一世紀型の解決策をとることができると私は思います。壁という一四世紀型の解決策ではなく、ね……。柵のなかにいても「悪い奴ら」はその柵をドローンで越えてクスリを運ぶことだってできるのです。だから私たちはもっと柔軟に、もっと臨機応変に対処せねばなりません。

ヘンリー・クエイリャー、合衆国民主党下院議員、テキサス州選出

「ホライズン２０２０」という研究イノベーション枠組みプログラムの一環として、ＥＵはドローン開発のプロジェクトに資金提供している。そのドローンはＡＩ（人工知能）によって操縦され、そし

て望むらくは自動的にヨーロッパの国境をパトロールするものとなるだろう。開発中のドローン——四翼ヘリ、小型飛行機、地上車両、潜水艦、ボートなど——は、群れをなして任務を遂行し、人間や武器や乗り物を特定し、そして「標的」についての情報を共有するだろう。犯罪をしたかもしれない人を独自に割り出した場合には、ＡＩは国境警察に通報するだろう。この〔ホライズン２０２０を財源とする〕ロボーダー（ロボット国境）プロジェクトのウェブサイトによれば「このシステムには、さまざまな操作設定や環境設定に応じて幅広く運用可能な、適応力のあるセンサー技術やロボット技術が実装される予定である」。つまり、最先端のレーダーや熱検知カメラや光学カメラや高周波センサー（ＲＦセンサー）を使って、国境沿いに生じる脅威を測定するのだという[2]。ロボーダーの「主要目的は、パトロール人員を支援するためにできるだけ多くのセンサーを現場に設置すること」だと技術マネージャーは説明する[3]。

　ロボーダーの試験的スキームが完成に近づいたことにともなって、運動家たちはこうしたテクノロジーが将来にどう利用されるかについて、つまり軍事目的に転用されたりヨーロッパ外のさまざまな国に技術が売られたりする可能性について懸念を表明してきた。また、自動監視ドローンそれ自体が将来には兵器化されるかもしれないという懸念も存在する——移民を監視するだけでなく阻止するためにも配備されるという将来の懸念である。とはいえ、すでに市場では若干の兵器化されたドローンが売られている——テーザー銃〔ワイヤー針を射出するスタンガン〕や催涙スプレーやゴム弾ないし実弾やミサイルで武装した飛行ロボットが。また、そのうちロボーダーシステムには顔認証テクノロジーがたやすく追加されるだろうと指摘されてきた。

これらの自動および半自動の監視テクノロジーは国境の壁にも展開されつつある。二〇一六年、トルコとシリアの国境沿いに設置されたスマート国境検問所に、トルコの政府当局が兵器の追加配備をはじめたと報じられた。この新技術は、国境から三〇〇メートル以内に侵入したすべての者をAIが検知し、その領域から退去しなければ射殺するという警告をあらかじめ発し、それが無視されれば実際に発砲するというものであった。次の報告では、新たなツールについての報道発表にはありがちなことだが、おどろおどろしさは抑えられたものの、しかし警告的な言葉づかいはそのままで、この検問塔の性能について次のような説明がなされた。検問塔は「さまざまなタイプの監視器具を実装しており、またそれと連動する設備は、緑地国境《グリーン・ボーダー》〔陸上国境沿いの国境警備機関が定期的にパトロールする森林部〕を越えようとする非正規移動をどんな種類のものであれ検知するだろう」(4)。

そのころサウジアラビアでは、北部の対イラク国境沿いと南部の対イエメン国境沿いとの両方に、数千マイルにもわたる国境壁が、暗視カメラとレーダーカメラを備えた監視塔つきで建設されていた。イスラエルではトンネルを掘られるのを防ぐためとして、強化コンクリート製の地下壁をパレスチナの西岸地区やガザ地区に、および北部の対レバノン国境や対シリア国境に建設する計画が浮上したとき、国境壁が新たな極致と密度に到達した。イスラエル国家はそのすべての国境地帯で、スマート技術や動作センサー〔いわゆる人感センサー〕や空中監視を長年にわたって用いてきた。いまや南部の対エジプト国境には全長一五〇マイル〔約二四〇キロメートル〕の監視塔つきスマートフェンスが張り巡らされ、カメラやレーダーや動作検知器や有刺鉄線や二四時間モニター監視機能が配備されている——おもに「不法移民」の流入を懸念して。

ひょっとしたら合衆国政府は最大の国境セキュリティツール市場を提供しているかもしれない。その税関・国境警備局(CBP)にとって「スマートテック」は重要性を増しつつある。シリコンバレーのさまざまな企業がCBPにAIドローンをどんどん売り込んでいるのを見ると、ドローンへの顔認証テクノロジーの搭載に関心があるのが分かる。(5) しかしドローンは、標的を絞った監視には役立ちうるものの、広大な土地をより長い時間をかけてモニタリングすることには向いていない。合衆国政府は「ヴァーチャル」国境壁を実装したがっており、そしてアンドゥリル・インダストリーやグーグルのような企業はその技術的解決《テックソリューション》を将来的に提供しうる見込みが大きい。国境はますます見えない国境にされようとしている。

アンドゥリル社はウェブサイトで「アメリカとその同盟国の複雑な安全保障上の諸課題を解決する」自社の「最先端のハードウェアおよびソフトウェア製品」を自慢している(なお同社の主要投資者の一人にパランティアの創設者ピーター・ティール〔第3節参照〕がいる)。(6) アンドゥリル社のヴァーチャル国境壁システムは〔欧州の〕ロボーダーと同様に、見張り塔と連動して運用される自律型ヘリコプタードローンに依拠して、ハイテクカメラ、レーダーアンテナ、レーザーなどの洗練されたセンサーを用いて許可のない入国を探知する。つづいて同社のAIソフトウェアが、探知された全データを処理し、怪しい乗り物や人間について自動的に信号を発して国境警備当局に知らせる。同社のソフトウェアと連携して、グーグルのクラウド技術が用いられることになっている。どうやらグーグルのAIが使われるのは、アルゴリズムに物体認識の訓練を施して、無数の静画および動画ファイルからヒトやモノを検出しカテゴリー化して類別できるようにするためらしい。グーグル社のテック労働者が国防総省《ペンタゴン》との以前の契約をめぐって抗議をしているにもかかわらず、同社はいまや合衆国の国境産業に奉仕し、それで儲けることにのめり込んでいるように見える。

2　AI国境警備、新型生体認証、相互運用データベース

二〇一八年にEUは、ヨーロッパに入境しようとする旅行者を対象としたコンピューター式の嘘発見器であるiボーダーコントロールを試験運用していることを公表した。このプロジェクトの調整担当者は言う。「iボーダーコントロールのシステムが収集するデータは、生体認証情報《バイオメトリクス》のさらに先をいくもの、つまり嘘の生体指標《バイオマーカー》となるでしょう(7)」。アニメのAI国境警備員が、ご丁寧にも旅行者のジェンダーやエスニシティや言語にあわせて姿をカスタマイズするのだが、それは入境申請者に〔誤検出がないように〕安心して分析を受けさせるためである。このシステムのソフトウェアは、対象者の顔に生じる三八もの微細運動〔嘘をついた時に〇・二秒以下で現れると称されている微細な動作〕を分析して嘘を言っていないかどうかを確かめるのだが、そのためにAI国境警備員はたとえば次のような質問をする。

「あなたの姓《サーネーム》は何ですか」
「あなたの国籍と旅行の目的は何ですか」
「あなたのスーツケースを開けて中身を見せてもらえれば、あなたが嘘を言っていないことを確

かめられますか」

そのあいだにＡＩは、対象者の〔オンライン分析を受けるために開いてある〕ノート・パソコンのカメラをつうじて、表情の変化や目の動きに嘘を示す動作《サイン》が表れないかどうかを検査する。インタビューが終わると対象者はＱＲコードを受け取るが、それを物理的国境に到達したときに提示しなければならない（なおｉボーダーコントロールが試験運用されたのはハンガリーとラトヴィアとギリシャの空港においてであった）。通例となっているパスポートの確認および顔と指紋の電子スキャンを終えた後で、ＡＩに嘘つきではないと見なされていたならば、対象者はそのまま先に進むのを許される（良い旅を！）。しかしインタビューで嘘をついたとＡＩ国境警備員に見なされていたならば（本当はスーツケースに何があるのか？）、判定結果によれば対象者は嘘をついているリスクが高いという信号がゲートで待ち構えている人員に送信されて、そのせいで対象者はさらなる検査と尋問に服するかもしれない。

別に意外なことではないかもしれないが、このテクノロジーはそれほどうまくは機能していない。人が嘘をついているかどうかは顔の微細運動から測定可能であるという考えは、証拠に裏づけられているわけではない。ともあれｉボーダーコントロールは、国境でおこなわれる新型生体認証の実験――身体測定のための新しい手段の模索や、生体認証データの追跡情報を辿ることで真の身元情報やリスクを判定しようとする試み――の一例にすぎない。カナダの政府当局は国境検査用の「感情認識」キオスクを空港に設置し、ドイツの政府当局は難民申請者が本当はどこから来たのかをいわゆる「声紋」テクノロジーで判定する実験をしている。

これらの新たな生体認証技術は、声や表情、感情や意図をも測定すると称しており、ますます移動性が高まる世界のなかで非正規移住を制限し安全保障上の脅威を特定しようと試みている諸国家のために、検査や選別や判定をもっと実効的なものにすることを助けるものだと想定されている。新たな生体認証技術が身元特定や排除や追放の手続きをよりいっそう効率的かつ効果的なものにするという約束を与えているのは、このような手法においてである。これらのテクノロジーが情報として測定すると称している何かが、実際にテック開発者たちが言うほど容易に身元の割り出しや測定を可能にするだけの質をそもそも具えた代物であるかどうかは、ほぼすべてのケースで疑問である。だが政府は身元特定と排除をおこなうための口実を探しているので、そういう根本的な問題があってもほとんど気にしない。

新たな生体認証技術がもっとも広範に議論されてきたのは、顔認証との関連においてである。英国において自動顔認証に特別な熱意を示してしてきたのは警察である。公共空間やそれに準ずる空間——ショッピングセンター、フェスティバル、コンサート、スポーツ行事、コミュニティの行事、政治的デモンストレーション——において、警察はとりわけ熱心に自動顔認証を展開してきた。また、マスクなどで顔を覆っている人々の身元を割り出せるライブ顔認証技術のプロジェクトを進めるために、警察は研究者とも協力してきた(8)。いくつかの運動団体は、顔認証テクノロジーが人種的偏見《バイアス》の問題を含んでいることに焦点を当ててきた——たとえば黒人は誤判定されることが多いという指摘など。それはそうかもしれない。だがそこから率直な疑問が浮かんでくる。黒人の身元特定がもっと正確になればそれでいいのか。顔認証技術を使用禁止にするどころか、技術改良が進めばそれで人種的偏見にかんする不平もやんでしまいそうである。さらに言えば、新型生体認証が国境に展開されるとか、それどころか戦争に関連する目的で用いられるとかいう事態に対して、人種的偏見にかんする議論を持ち込むことがどれほど効果的であるかは定かではない。戦争と国境こそが人種や人種差別的な世界秩序をつくりだしているのだから、それらをなくすために必要な仕事のすべてが偏見や差別といった概念で済ませられる、というわけにはいかないのである。

この点は重要だ。生体認証が試用されることが多いのは戦争や人道的危機の現場だからである。プライバシー・インターナショナルというNGOの報告によると、九・一一以後に「テロリズム対策」の名目による生体認証データ収集は世界じゅうで加速してきた一方で、それに対する規制や安全策はほとんどない。米軍はイラクとアフガニスタンに巨大な生体認証データベースを築いたが、それは表向きには反乱者やテロリストを民間人から識別するためだとされた。二〇一一年までに米軍は、およそ一五〇万人のアフガニスタン人と二二〇万人のイラク人のデジタル指紋、顔画像、虹彩スキャンを集めたと推算されている(9)。今日イラクには、一〇〇を超える移動式の生体認証検問所が存在しており、一〇〇万人以上が毎日のように指紋を検査されている(10)。

その一方で、二〇二一年にアフガニスタンで体制が転換すると、タリバン政権が米軍の生体認証装置を接収した。タリバン政権が生体認証データをどの程度利用できるのかは不明であるものの、それが米軍と協働していた人々への復讐のために利用されるのではないかという懸念が生じた(11)。この件は、監視テクノロジーの増殖に対して、全面禁止に訴えることなく手続き上の安全策や利用目的の制限を要求するという応じ方にはどんな限界があるのかという、切迫感ある問題を浮かび上がらせている。

こういうシステムはどうやら米軍よりもタリバン政権の手中にあるほうがいっそう危険であるようだ、などという主張はさておき、この件で思い知らされるのは、システムが将来に別の担い手によって別の使われ方をすることを防ぐ手立てが常にあるとは限らないということだ——とくに戦争という文脈においては。

　プライバシー・インターナショナルはイスラエル国家による最先端の顔認証技術の利用についても論じている。イスラエルはテロ対策の名のもとにパレスチナ人を日常的に監視し、その移動の自由を常に厳しく制限している。同じようにソマリアでは、さまざまな国際機関が生体認証を推進することによりいかがわしい利益を得てきた一方で、現地住民には有害な影響を与えてきた[12]。「テロ対策」が必要であるという意見の一致が表面上は成立しているおかげで、国家やテック企業や軍事企業にとっては、大量の生体認証データベースを試用運転したり監視インフラを整備したりということが相当にやりやすくなっている。

　周知のとおり、生体認証データは記録、保存され分類されねばならず、アクセス可能でなければならない。それゆえに新たな生体認証技術は、第六章で論じた大規模な相互運用データベースから切り離して理解することはできない。いまEUは、ビザ免除諸国からの旅行者を事前検査するために欧州渡航情報認証システム(ETIAS《エティアス》)を導入しようとしている(二〇二五年に導入予定で、二〇〇九年に合衆国が義務化したESTA《エスタ》や二〇一六年にカナダが義務化したeTA《イータ》などと同様のシステム)。この点にかんする国家《ステイト》ウォッチというNGOの指摘はためになる。「このシステムが収集するデータは、個人の入国申請を審査するためだけではなく、データマイニングやプロファイリング・アルゴリズムのために与えられる情報としても用いられている」[13]。言葉を変えれば、私たちからとられたデータの利用目的は、たんに私たちを個々人として捕捉するというだけではなく、アルゴリズムを訓練して、私たちのそれぞれがどういう人間の部類に属するのかについての決定を下させるようにすることにある。すなわち、誰が国境を通過してよい人で、誰が高リスクと通報されるべき人なのかを将来的にアルゴリズムで判定可能にするために私たちのデータは使われている。こうしてアルゴリズムとは、個人をより正確に特定する道具などではなく、それを遥かに凌ぐ代物なのである。

そうこうしているうちに合衆国では、国土安全保障省(DHS)が、生体認証データをいくつかの様式で合衆国政府に提供することをまもなく必須にしようとしている。その対象となるのは、何らかのビザないし入管法上の地位を申請するすべての人と、その引受人となるアメリカ市民である。この計画は、より多くの人々からより多くの種類の生体認証データを——指紋や虹彩スキャンや声紋を、それに場合によってはDNAサンプルをも——収集しようとするものであり、生体認証データの追跡情報やプロフィールの検索と照合をよりいっそう容易かつ能率的にしようとするものである。この動きは「国土先進認証テクノロジー」という枠組みの一部をなしており、DHSの自動生体IDシステムが繰り返してきたデータ収集の最新の動きである。この枠組みに関連する契約から利益を得てきたのは、おもにBAEやノースロップ・グラマンなどのような軍事産業の巨大コングロマリットである。連邦政府のデータインフラの多くと同じように、この新たな生体IDシステムもまたアマゾンウェブサービスをホストサーバーとして利用するだろう。DHSが「国内法の執行や監視を担う諸機関のなかでも際立って不透明かつ反プライバシー的であることで知られる」ことをふまえれば、このシステ

ムの開発はとくに厄介なものである。(14)

とはいえ、国境テクノロジーにかんする私たちの知識の多くはそれを売ったり使ったりしたいと望んでいる人々が書いた宣伝文句や報道発表から来ている、ということをよく認識しておかねばならない。そういう類の見世物的な物語は、〔武器などを実際に使うのではなく使えるように見せることにより抑止力を効かせるという〕包括的な抑止論のなかで大きな役割を果たすものだ。しかし大事なのは、こうしたテクノロジーがその製造者の意図するとおりに機能するとは思い込まないように用心することである――とくになんらかの不具合や機能不全を隠すことが買い手にとっても売り手にとっても利益になるような状況においては。テクノロジーは無慈悲なまでに効率的で、かつディストピア的であり、そして何でもお見通しであるという物語を信じ込んで復唱するならば、そのとき私たちは害に技術的解決主義者の仕事を代行しているにすぎない。この点が大事なのは、テクノロジーがその自称するとおりには機能しないし機能しえないことを証明することが、状況しだいでは政治的にも戦略的にも有利な手段になりうるからである。もちろん、その場合の解決策がテクノロジーそのものを改善すればよいという話に終わってしまう危険はある。しかしながら、根本的に異なる政策を要求する運動においては、技術的解決主義者が与えているのが空約束や見当違いの空想でしかないと指摘することは有効でありうる。

この種のツールが機能するせいで生じる危害と、正しく機能しないせいでもたらされる危害との、どちらにも敏感になる必要がある。顔認証システムがあなたを別人として見誤ったり、AI国境ツールがあなたの正直な返答を嘘だと判定したりする場合に悪い結果が生じるのは、ツールが「正しく」

機能しているときにも悪い結果が生じうるのと同じである。こうしたテクノロジーを改善するためにマイノリティ化された集団をもっと効果的にデータセットの訓練に包摂する、などということを私たちは望まないだろう。その一方で、ツールが正しく機能しないせいで人種差別的な結果がもたらされることも問題なのである。もちろん最終的には、私たちは誰に対してであれ、この種のテクノロジーをこのような目的のために動かすことを望まない。重要な点として、テクノロジーが機能するかどうかだけを問題にすることが、そう見えるかもしれないほど有効な論拠になることはほとんどない。だから私たちが前進するためには繊細な感覚と気遣《ケア》いを忘れないことが必要なのである。

3 利潤と予測

わが社の中核的ミッションは昔からずっと、グローバルな平和と繁栄のために、西洋とりわけアメリカを世界最強に、かつてないほど最強にすることでした。それがどういう意味なのかを、ようやく今年になって示すことができた気がします。

アレックス・カープ、パランティア社CEO、二〇二〇年一月

世界じゅうの入管当局にとっての永遠の課題が一つある。どうやって望ましくない移民を割り出し、その位置を突き止めればよいのか。何をしたところで「不法移民」は簡単には特定できない存在だ。

奴らはわれらの友人であり、同僚であり、隣人であり、クラスメイトである。奴らは一定の地域に住んでいたり、あるいは一定の職種に就いていたりすることが多いのだが、しかし周囲から隔絶した生活は送らない。合衆国の移民関税執行局(ICE)にとって、このことは問題だ。どうやって「標的」を決めるのか——どの家や施設に立ち入り捜査をかければいいのか。

パランティア社の開発した「統合事件管理システム」が問題を解決する。このシステムは厖大な量のデータを収集する——州および連邦レベルの法執行機関から、政府のさまざまな(たとえばビザや〔ビザ免除の〕短期訪問の)データベースから、ソーシャルメディアのサイトから、光熱水費の支払いや銀行取引のデータから、電話の発着信履歴および通話のモニタリング情報やテキスト送受信のモニタリング情報から、および〔行政のものではない〕事業用のデータ監視やナンバープレート読取機のデータから。そして、物理的に個人を追跡するための五〇億以上ものデータ拠点へのアクセスを、このシステムは提供している。そのうえでICEの下部組織である国土安全保障調査部(HSI)が、こうして集められたデータを使って個人とその交際関係にかんするプロフィールを作成するのである。

他方でICEの執行担当職員は、パランティア社のファルコンという分析ソフトウェアに携帯デバイスでアクセスできるようになった。職員たちはこれを利用しながら摘発の標的を割り出し、プロフィールや機密報告を作成するのだが、おまけに北ヴァージニアのICEの施設に置かれたパランティアのスタッフによるリアルタイムの技術的サポートがついてくる。二〇一九年五月に明らかにされたところでは、パランティアの捜査案件管理(ICM)のシステムは移民児童の家族、四〇〇人以上を追跡するために使われていたし、ファルコンとICMとはいずれも諜報と監視と摘発を支援するための決定的なインフラストラクチャーとして利用されていた。これらのシステムが依拠する大量のデータはどこかに保存されねばならないが、そのためにはアマゾンウェブサービスが、同社のクラウドサービス上でソフトウェアを運用させることによってパランティアを支えた[15]。

いまや合衆国政府は国境および入国管理に、他のすべての連邦執行機関をあわせたものよりも大きなカネを費やしている。予算額は一九八〇年の三億五〇〇〇万ドルから、一九九〇年には一二億ドル、二〇〇三年には九一億ドル、そして二〇一八年には二三七億ドルにまで跳ね上がった。このような財源の天文学的成長に助けられて、国境の法執行部隊は自らの軍事化をさらにいっそう推し進めてきた。そうすることで収容および送還の能力を大幅に拡張させ、また——ここでの著者たちの目的にもっとも深く関係する点だが——カメラ、航空機、動作センサー、ドローン、ビデオ監視、生体認証、そしてデータを管理し執行の標的を特定するためのソフトウェア・ツールといった、一連のハイテク国境化ツールをも拡張させたのである。これら全てから桁外れの収益が、テクノロジー企業やセキュリティ企業や民営刑務所の受託企業やグローバル兵器企業を潤すために生み出されてきた[16]。

契約額でいえば、いまなお合衆国政府の最大の契約相手は定評のある主要防衛企業たち——レイセオン、ロッキード・マーティン、ノースロップ・グラマン、ゼネラル・ダイナミクス、それにボーイング——である。だがその一方で、デジタルプラットフォームと分析《アナリティクス》〔大量のデータから意味あるパターンを数学的手法によって見つけ出すためのプロセスやその計算結果〕とを提供するテック企業群が、すなわちIBM、グーグル、アマゾンクラウドサービス、マイクロソフト、パランティアなどが、国境法および移民法の執行当局にとってますます中心的な存在になりつつある。パランティアのような企業はICEにサービスを提供することで、新たな方法で移民を追跡し、監視し、特定するためのデジタルインフラをICEに装備させる。実に移民法執行の標的を割り出すことによって、テック企業とそのアルゴリズムは事実上、主権を行使しているのである。(17)

パランティア社の最初の契約相手は米軍であったが、そのさい米軍はアフガニスタンで即席爆発装置（IED）の位置を予測するために新技術を使った。その後にパランティアは合衆国の契約相手として、予測取締技術をイラクで開発した——結果的には警察が合衆国のなかで、おもに人種化された貧困層の人々に対して使うようになる技術を。(18) いまやパランティアは数十もの実行中の契約を米連邦政府と結んでおり、契約額は合計で少なくとも一五億ドルに達する。コロナウイルス感染爆発の時期には、同社は英国の国民保健サービス（NHS）との契約をも確保したが、このことは、保護されるべき患者の個人情報にパランティアがアクセスし、そして「敵対的環境」の政策下にある法的地位の確認と排除のシステムに統合してしまうのではないのか——とくに同社が関税関連のデータを分析する契約をも同時に英国政府と結んだことを考慮すれば——という広範な懸念を呼び起こした。パランティアが特に物議を醸す理由は、その共同設立者であり主要投資家であるピーター・ティールがドナルド・トランプを支持した極右リバタリアンであり、『多様性の神話』なる標題の著書（「キャンパスの多文化主義と政治的不寛容」という副題が示す通り、スタンフォード大学の「ポリティカル・コレクトネス」を論難した一九九五年のデヴィッド・O・サックスとの共著）を出し、その後も継続してさまざまな白人ナショナリストやオルタナティヴ右翼を出資や提携の相手にしているからである。

パランティアのような企業が治安《セキュリティ》国家のために働くことを恥どころか自慢の種としか思わない点

をふまえると、それらが世論の圧力や公衆の運動に屈するというのは考えにくい——それに比べれば国家の政策決定者のほうが、公共政策にかんするさまざまな検討事項を幅広く考慮する義務を負っているために、実際にそれを考慮する見込みがより大きい。しかしパランティアのような企業を問題にし、かれらのソフトウェアや政府契約や政界とのつながりを分析することは、国境での新技術の作動にかんする影の部分を少なくとも見えるようにする。それはアルゴリズムや予測分析《プレディクティヴ・アナリティクス》や自動的意思決定にかんするより広い議論のきっかけとなり、この運動やテック部門の労働者が介入するための可能な方法を見定めることの助けとなる。

　このことは重要である。というのも、予測分析とアルゴリズムは権威主義的な右翼政権だけの独占物ではないからだ。もっと効果的に「移民を管理」し、誰が公共財へのアクセスや権利を与えられるべきかについて最適の決定をしたいと考えているリベラルな政府もまた、これらのツールを使うものである。たとえばカナダの政府当局は、人道配慮・温情申請（H&C）および〔送還先についての〕強制退去前の危険評価——どちらも送還に抵抗してカナダに留まろうとする移民にとっての最終手段——において、ＡＩが出す解によって入管職員が判定を下すのを補助できるようにすることを試みてきた。[19]スイスや英国のような国は、難民の第三国定住で誰を受け入れるかを選ぶさいにアルゴリズムを試験運用してきた。似たような計算ツールが、合衆国ではＩＣＥが誰を収容するかを決めるさいに利用され、他のさまざまな国でも警察や矯正担当部門が罪刑や執行猶予や釈放にかんする決定を下すさいに使われ、またオランダのような国では給付金や脱税の問題について懸念する福祉政策当局によって役立てられている——これらの事例はどれもリスクプロフィールを作成し結果を予測するための巨大データ処理に頼っている。アルゴリズムは非正規移住や再犯や「福祉の濫用」といった諸問題を解決すると約束する。その一方で諸国の政府は、あまりにも前のめりになってアルゴリズムに利用登録《サインアップ》しようとしているように見える。

次の点に留意することは大切である。国家安全保障（空港で誰が呼び止められどのコンテナが調べられるべきか）について、移民（誰がビザを出され誰が収容されるべきか）について、取り締まりと収監（どの場所を捜査《パトロール》すべきでどの人物を仮保釈《パロール》すべきか）について、アルゴリズムは決定を導き出す。しかし本来アルゴリズムは、あからさまに強制力を伴う用途のために使われるような性質のものではほとんどなかった。似たような種類の計算にもとづいて、たとえば気候変動にかんする証拠を提供する仕組みや、細胞や遺伝子や感染症にかんする研究を進めるためにタンパク質のとる形状を予測する技術がモデル化されている。それらが〔権力行使の手段としてのアルゴリズムとともに〕一斉に放棄されることはなさそうだ。したがって、アルゴリズム利用が許される用途を制限するという目標を追求することが死活的に重要である。

さらに言えば、私たちは個人としては、低リスク旅行者や信用ある借り手や法を遵守する市民として扱われることに安心するかもしれないが、しかし誰一人としてアルゴリズムを用いたシステムの外部には立っていないのである。自分たち自身は国家の強制力の標的から外れていると感じることができるかもしれない。しかし、私たちについてのデータ――ウェブ上のプロフィールや金融取引や旅行歴や交際関係や政府のデータベースから収集された、私たちの生活における無数の痕跡――の方は、まるごとアルゴリズムのエサに、その訓練の材料にされ、他の人々をどう扱うかにかんする決定を下するために使われる。要するに、アルゴリズムは多くの場合、個人を特定するためではなく、不確実で移動性の高まった世界においてリスクを予測し個々人をカテゴリー別に分類するために利用されているのである。(20)

以上に述べたことを認識したからといって、宿命論的なあきらめの態度に陥らなければいけないわけではない。それよりも、アルゴリズムや予測分析が優勢になっていくのを見るときに気づかされるのは、反レイシズムおよび移民の権利擁護の活動家は、現代国家の統治術が帯びるデジタルな性質に対応する必要があるということだ。このことが英国の文脈において明らかになったのは、数千もの学生ビザの移民が、欠陥のある音声認識アルゴリズムによって、英語テストで不正をおこなったと誤判定されたことにもとづいて違法化され、収容され、送還されたときであった。その三年後、コロナ感染爆発の最中に、一八歳の学生がGCE‐Aレベル〔イングランドでのもっとも一般的な大学入学資格であり学校での成績等にもとづいて評定される〕をアルゴリズム予測によって評定され、その結果が人種的および階級的な格差を〔従来の評定結果に表れるよりも〕さらに強化および悪化させると、数千人もの学生たちが「アルゴリズムなんてクソくらえ」(Fuck the algorithm)と書かれたプラカードを掲げながら共同で抗議した。同じころ、移民福祉合同協議会およびフォックスグローブというデジタル技術にかんする法的権利を擁護する団体が、ビザ申請を仕分けするためのアルゴリズムの利用に対する訴訟に勝利した。このアルゴリズムは、ほとんど国籍と同じにしか見えないような個人情報にもとづいて、申請者を「赤の」ハイリスク集団に区分していたのだった(それへの対応として内務省は、このビザ仕分けツールを廃止するのではなく設計し直すと約束したにすぎないものの、しかしこの判例はアルゴリズムによる国境化への反対闘争における明白な勝利の表れである）。

成功につながる手抜かりのないキャンペーンやアクションを展開するためにまず必要なのは、デジタル国境にかんして起こっている事態を察知するとともに、その意味を読み解く能力《リテラシー》を築き上げることだ。国家と企業はシステムを相対的に秘密にしたまま、つまり公衆の理解や調査がほとんど追いつかないうちに導入することがあまりにも多い。ネイティヴ主義者やレイシストの反移民政治に対するより広範な闘争の一環として、政府がデジタルシステムの導入とその使用法にかんする契約を中止し、説明責任を果たし、それらの内容を詳しく示すように、私たちは政府に強いる必要がある。「透明性」の要求は必要であるもののそれだけでは不十分だが、しかし私たちが立ち向かっているものが何かをよりいっそう理解しやすくしてくれる。

私たちの運動が十分に強力となる場合にとりうる戦略の一つは、アルゴリズムによる意思決定ツールに対して、また顔認証などの新たな生体認証技術に対して運用猶予期間《モラトリアム》を設けることである[21]。これらの技術は取り締まりと境界づけのよりいっそう広範なロジックを実行に移そうとしており、私たちはこのロジックを打ち負かすために活動しているのだが、そのさいに、このモラトリアム戦略をとることでいわば息継ぎの場所を確保することができる。さらにまた、これらのツールがひとたび国境で導入されて洗練された暁にはその他の用途にまで拡大されかねないことを懸念する人々との同盟を結ぶための時間を確保することも可能となる。合衆国で運動を組織する人々がはっきりさせてきたように、そのためには労働組合に組織された技術労働者たち自身が中心的役割を担わねばならず、かれらこそがこの問題に本当の意味で影響力をもっているのである[22]。権威主義的政府や軍事企業には、公衆の面前で恥をかかせることは痛手にならないかもしれないし、私たちの要求には関心がなさそうであるが、しかし少なくとも私たちの要求をもっと大きくはっきりと響かせることが最初の一歩となるのである――「アルゴリズムなんてクソくらえ」「顔認証を禁止しろ」「パランティアもＩＢＭもアマゾンもグーグルもマイクロソフトも閉鎖しろ」「データを遮断《ファイヤーウォール》しろ」等々のスローガンによって。

4　アルゴリズムが人を送還するのではなく……

現代の国境化の実践は、望ましくないヒトやモノの移動を制限しようとする一方で、同時に他のヒトやモノは迅速に流れていくようにする。そこに国境があるのは、それを渡ってヒトやモノが移動するさまを動作監視《モニター》し規制し選別するためであって、必ずしも止めたり遅らせたりするためではない。この文脈において「セキュリティ」という語が意味するのは流通を管理することであって、それを妨害することではない[23]。この世界はかつてない規模で動いていると想定されているが、しかし国家にとって問題となるのは、このような現代の移動、とくに人間を移動に駆り立てる純然たるエネルギーや落ち着きのなさに対する支配を確立する必要があるということだ。こうしてテクノロジーは特別に重要なものとなる。個人のアイデンティティを観察、監視、検査、認証および固定するためのツールを提供してくれるからであり、情報を収集および処理してくれるからであり、リスクをコンピューターが計算してくれるからであり、そして〔出来事や行動などにおける有意味な〕パターンを特定してくれるからである。

ある人の身元が特定できて、しかもその権利をもつ権利をボタンのワンクリックだけで抹消してしまうことが可能であるときに、その人の移動を封じて窮乏させるために収容所はいらない。より完全な監視および身元特定のテクノロジー(生体認証)をつうじたヒトやモノにかんするよりいっそう大量の情報収集と、計算ツール(アルゴリズム)によるその処理とにもとづいて、標的を絞った国境化が試みられている。このやり方で国家は、価値のついたヒトやモノやサービスの移動を保全し円滑化しつつも、望ましくない移民をより早い段階でもっとかんたんに排除できるようになる。それはまた、当面の措置として、限られた目的のために、とりあえず今回は国境を越えてよいと許可された人々に、自分の地位が条件つきで不安定なものであると強く感じさせることによって、御しやすい従順な主体をつくりだす。そうだとすれば、国境は強固になっていくだけのものではない。それはもっと濃密に、もっと機動的に、もっとヴァーチャルに、もっと予防的になりつつあるのである。

アルゴリズム、コンピューター計算、そしてAIで動く国境ドローンは、この物語の重要な部分をなす。これらのテクノロジーの開発者は、技術が人間に置き換わるだろうと約束する——エラーや偏見、そして頭脳の能力の有限性にとりつかれている人間に。その過程で、テクノロジーは新たな種類の知と真理と権威を創出する。(24)それはどんな人間よりも多くのデータを処理することができる。それはヒト、モノ、取引、そして複雑さに満ちた交際関係にかんする無数のデータを人間にはよく分からないやり方で計算することによって、リスクおよび価値の度合がどれくらいかを判定する。テクノロジーの複雑さと新奇さ、それが繰り広げるデータ量の巨大さは、それが正当であり科学的に真理であるという見かけを与える。新技術の多くが売れるのは、私たちが、とくに国家が、もっと多くを把握し処理することを助けるためである。移動性の高い不安な世界のなかで、テクノロジーは私たちの安全をより確実に守ってくれるのだと約束する。

だがそのような新技術は従来のシステムとの完全な断絶を示すものではないし「ロボットに乗っ取られる」という空想にふけることは避けるべきだ。誰を監獄に送るべきか、誰が福祉給付を停止されるべきか、誰が難民としての地位を認められるべきかについての決定は、人間が決めるのであれアルゴリズムが決めるのであれ、ひとしく不公正で冷酷で恣意的なものになりうる。実際、アルゴリズムとその動作規則が訓練されるのは、人力で集められた大量のデータや人間の無数の意思決定を利用することによってである。したがって、アルゴリズムにかんする透明性と説明責任の欠如を強調することは、人間の意思決定をめぐるリベラルな幻想を受け入れてしまうリスクを伴う。すなわち、あたかも人間が合理的な主体、理性行使の主体であり、法廷でも福祉事務所でも仮釈放委員会でも公正な決定に到達できる主体であるかのように思い込んでしまうのである——あたかも意思決定者が、そのかくも恐るべき権力によって生活を左右される人々に対して、なぜかは知らないが「説明責任を果たしうる」かのように。だがそんなことはこれまで一度もあったためしがなかった。

アルゴリズムによる意思決定については、どういうわけか説明責任や透明性が足りないとか、一連の手続きのなかに人間がいないといったことだけが問題なのではない。アルゴリズムがどういう用途のために使われるかが問題なのである。結局のところ機械学習アルゴリズムは、地震が起きたときに余震を予測したり癌性腫瘍を特定したりするためにも利用されうるからだ。こうして問題は、テクノロジーそれじたいではなく、アルゴリズムによって解決しようとする問題をどう定式化するかという点にある。国境をまたぐ人の運動は本来的に危険で問題含みだとか、福祉の申請者は受給に値しない「偽物」ばかりだとか、ある人々を拘禁することは他の人々の安全を保つことに役立つとか、そういう問いの立て方こそが問題なのである。アルゴリズムが国境管理の分野に繰り広げられていく方式を方向づけているのは、リスクや安全や稀少性についての陰鬱な考え方や、誰が問題ありで誰が価値ある生と見なされるのかを決定する、長年にわたり積みあがったヒエラルキーである。

アルゴリズムが新たな種類の知と真理と権威を可能にしているのであれば、アルゴリズムをより偏見のないものにするのでも、そのコードを公開して他人に調べさせるのでも、一連の手続きのなかに人間を加えるのでもなく、それが国境で使われるのを許している排除と追放の論理に挑戦することが解決策となる——ただし、ここで挙げた手続き的な要求は急進的変革に進むための時間稼ぎにすらならない、とまで主張しているわけではないが。

要するに、すべてをＡＩのせいにすることはできない。暴力的国境の源泉をなすのは、いぜんとして後期資本主義の不均等な地理学であり、人種化されたグローバルな不平等であり、暴力的なネイティヴ主義であり、ジェンダーとセクシュアリティについての制限的な諸観念であり、〔新自由主義の〕「法と秩序」という懲罰的な政策であり、そして軍国主義と戦争である。これら全ては、技術的解決を欲する政府の熱狂と、強大なテック企業および軍事企業の利潤追求とによって駆り立てられた新興テクノロジーという文脈において、新たなやり方で結びつけられている。

幕間劇——未来 I

ある国境化されたディストピア

アルベルトはカンオケのなかに寝そべる。彼と他のドローンたちがこの箱をそう呼んでいるのは、はじめは弱々しいユーモアの試みだったに違いない。かれらはカンオケに入ったまま船に載せられ、生き物が死に絶えた海をあちこちへと渡る。アルベルトはなんだか吐き気がしてきた。吐き気止めの薬はまだ効いてこない。この粗末な箱のなかには、赤っぽい敷きわらがクッションとして敷かれており、荒れるかもしれない船旅でアルベルトの体を保護してくれるだろう。荒れるというのは、とくにフロンテクスがかれらの船に乗り込んできたときだ。周知のように、フロンテクスは未申告の「積み荷」を間引くし、少なくともわざと傷くらいはつけていく。

「会社」が言うには、この敷きわら——インフュージョン(Infusion™)という商品名でも知られる——は「十分な栄養補給と水分補給、そして皮膚保護剤による感染予防を、最長で三週間の旅までは一〇〇%保証します」。もちろん、大げさな宣伝文句だ。三分の一のドローンが船旅のあいだに死ぬ——会社の言い方では「だめになる」だが。残りの三分の二は弱り果て、なにやらうわごとを言いながらカンオケから出てくる。酸素濃度が足りないせいで筋肉は収縮し、寝床に溜まった自分の汚物のせいで皮膚は炎症を起こしてしまう。それでもドローンたちが到着してすぐに数週間も働けるのは、覚醒剤を打たれているからだ。

このような旅路で送られる人々の心にどんな影響が及んでいるかを表す言葉は、会社の辞書にはない。かれらは結局のところ無人操作機《ドローン》でしかないのだから。

「積み荷」は「廃棄物」という最底辺の存在に次いで低いランクであり、そしてアルベルトは三六〇番に割り振られたときから「積み荷」に格下げされている。たぶん彼は、次の配置転換がおこなわれるまえに「だめになる」だろう。鎮静剤の点滴がはじまると、彼の指先のピンが青く光る。例の恐ろしいカンオケのなかで彼は目覚めるだろう。

会社の必要に応じて「積み荷」は施設から施設へと運ばれる。それらの施設は地下にあるのではないかとアルベルトは疑っているが、確かめようのない、ただの勘である。会社がドローンのための暖房費すらケチることを彼は知っているが、その割にはどの施設もいつも暖かいので、そう思うのだ。ここ数か月ほど自分がどこにいるのかも、これからどこに行くのかもアルベルトは知らない。どの施設も自足していて外出不要になっており、「積み荷」はただ配置された場所で同じ仕事をしていればいいのである。施設にはアルベルトが見つけられるような外部通路はないし、いずれにせよ三六〇番たちには外出は許可されていない。

格納庫内のカンオケが車輪型保管器から外されて一列ごとに並べられるのを見て、今回は船旅だとアルベルトには分かる。というのも、陸路の旅ではカンオケが床に隙間なく敷き詰められるからだ。

空気の供給との関係でそうしているのだろう。耳元でブーンという羽虫のように恐れが彼の心をよぎる。あの藍色に汚れた海を渡らねばならないときにはいつもそうだ。おぼろげな恐怖に襲われているうちに、自分についての「計算」結果の画像が、見たくもないのに彼の視界に入り込んでくる。

それがいつ起きたことなのか、もはやアルベルトには言えない。「積み荷」は空すらほとんど見ないし、ガンメタルグレーの施設内では灯りがつきっぱなしで景観を単調にしているので、時間の区切りを知るすべがないのだ。

この「計算」は、かつて監獄という言葉と労働という言葉で知られていた二つのものを、一つのものへと際限なく収斂させてきた。アルベルトのベッドの脇にあるガラスのスクリーンがふいに文字を映し出す。「有罪、積み荷、三六〇番」。有罪、積み荷、三六〇番とは一種の呪文、つまり彼の称号であり彼の運命である。それはアルベルトがずっと属してきた等級だが、しかし子どものころに配属された班が格下げされたからではなく、それが違反になるとは彼の育成者《ブリーダー》たちからは教わらなかったような違反が発覚したために、そう分類されているのである。

それが偶然なのか意図的な設計なのかは知らないが、施設内には鏡やその代わりになるものがまったくなく、そのせいで自分の姿が時とともに衰えていく様子が分からず、たとえば白髪が目立ってきたり髪の生え際が後退したり、頬に新しいしわが出たりといったことに気づけない。鎮静剤や覚醒剤や外骨格型スーツは会社に属するすべてのドローンにとって生存に不可欠である。日々同じことを繰り返す、無慈悲なまでに内にこもりきりの会社での生活を肉体的にも精神的にも耐えるには、こうするしかないのである。これら三つを惜しみなく使うことで、三六〇番たちは肉体の死や精神の荒廃にかんする直接的な感覚をもたずに済む。ある段階から別の段階へと——覚醒から鎮静へ、そして鎮静から覚醒へと——移るときだけ、雲を刺し貫く一条の光のように自覚的な痛みがちくりと走るが、それも一瞬のことでしかない。

「計算」は、会社での生活における——つまり人生における——ほとんどすべてを決定する手段となっている。「計算」とは、対象者の監視情報からなるデータ集積についての不透明な取扱規則の、きっぱりとしてやり直しのきかない最終的な運用を意味する。なお、このデータは対象者本人からだけではなく、その育成者、育成者の育成者と、何世代にも遡って集められたものだと疑う者もいる。アルベルトの「計算」結果は、ある無許可集会に彼が出席したことの結果である。驚くようなことではないが、やはりその場にいた潜入諜報員によってそれが発覚してしまったのだ。

今度はどこに連れていかれるのか、アルベルトは知らないが、しかし三六〇番たちをわざわざ会社の施設ではないところに送り込もうとしているとは考えられない。彼のような三六〇番がただのドローンとして生活していたころには、会社の監視機能が不調なときでもなければ、隔離された監獄みたいな古いやり方は適用されなかった。ドローンであろうが三六〇番であろうが、全員の外骨格型スーツには監視のための平滑モニター一式が取り付けられていたのだ。ところが、「計算」結果によって三六〇番への割り当てがおこなわれるようになると、ランダムに選ばれた対象の監視情報の抜き打ちチェックでは済まされなくなった——全対象者の監視機器からの最新情報《フィード》が本社に直接送られるようになったのだ。足枷型の移動追跡器《ジオトラッカー》が実際に作動するようになった。適切な手段があれば容易に避けられるような曖昧な脅しではなく、取り付けられた首輪から、移動禁止空間に対象者が立ち入るたびに警告音が発されるようになった。なお三六〇番にとって移動禁止空間とは、施設と鎮静区域《ベイ》以外のあらゆる場所のことであった。

アルベルトが三六〇番になるより前から、外出を許されているのは個人環境規則の要件を満たす経済的余裕のある者、つまり耐久スーツか改造SUV車を購入できる者だけであった。他はみな、放射線帯予報を見ながら二、三か月くらいに一度あるチャンスを捉え、入手できるジャンクを何でも使って強酸性の雨を防ぎながら外出したのである。完全に制御された都市群がどこかにあり、そこでは空気が清浄で空はガラス張りになっているという都市伝説をアルベルトは聞いたことがある。そんな街があるとすれば「北」のどこかだろう。

そんなことを考えているうちに、まもなく鎮静剤が効いてきて、アルベルトは眠りへと滑り落ちる。意識を失うまえの最後の一瞬、輪がほどけるかのように一連の記憶がよみがえる。班員のみんな、さようなら——かれらのことをアルベルトは、もはや彼の心にはつくりだすことができない愛着という心情の幻影とともに思い出す。トタン板製のトレーラーハウスよ、さようなら——三番街の隅にあったその家で、アルベルトは連れ合いと子どもたちといっしょに暮らしていた。週に一時間の休憩よ、さようなら——ほんのときたま、覚醒剤からも外骨格型スーツからも解き放たれたひとときを過ごせる自由よ。だがこれは、一種の生物学的な起伏が生じてアルベルトの心を感傷主義に傾かせたにすぎない。「さようなら」ほど歯切れよく、さっぱりとあと腐れのない言葉が心に浮かんだことは、今までなかった。鎮静剤が効いてくるたびに覚醒と眠りのはざまを満たしたのは、地下から立ち昇る霧のような冷たい怒りと悲嘆でしかなかったのである。彼の意識がこんな状態なのは、ずっと前に「計算」の結果が出たとき、アルベルトの忘却薬の点滴が同時に作動したからだ。それに反応して指先のピンが緑色に光りはじめると、まもなく彼はほんの一瞬、まるで氷の花が体内で咲いたかのような、いやそれ以上に冷たい感覚に襲われたのだった——アルベルトという存在をなしていた記憶の断片が内臓や脚を通って流失していくかのような。

第八章　廃絶主義

アルベルトが存在する未来は、居心地が悪くなるほどお馴染みのものだ。生活と労働とがまったく一体となるほどにまで収斂し、不透明な企業のアルゴリズムは感知された違反をプロファイルし処罰するために使われる。この未来においては、ありとあらゆるものが自動化され、使い捨て可能な労働者一人ひとりから利益を搾り出すことに貢献している。アルベルトの世界では、権利なき労働者たちの死に至る移動は明らかに「会社」の資金で執り行われている——「密航」する「不法」移民をめぐる現代の政治とは異なる方式で機能する、ある種の年季債務契約《インデンチュア》として。この世界はまた、家族規範や性的規範や余暇の規範を異性愛家父長主義的な方式によって委細なまでに規制する世界である。あらゆる民主的な可能性が、とくに労働者を組織する可能性があらかじめ閉ざされており、その一方で海と空は汚染されてしまっている。

アルベルトの不自由さは収監された状態に似ている——私たちが示してきた意味でのそれに見えるはずだ。アルベルトはドローンであり、光の射さない、ただ敷きわらと鎮静剤と吐き気止めだけがある世界で働くために生かされている。彼の生活は完全な監視下にあり「計算」結果によって決定されている。ごく限られた自己決定すら、つまり記憶や考察や発言すら彼には否定されている。これは気づいてほしい点だが、アルベルトの世界は国境のフェンスや壁によって画されてはおらず、国民《ネイション》やレイシズムによってすら定義されてはいない［アルベルトの世界では「会社」と政府とが混ざり合い、その境界線はぼやけていた――市民と「ドローン」との境界線もまた］。未来にかんする著者たちのディストピア的幻想譚は、どこか別の場所へと読者をいざなったのである。そこでは国民共同体や所属や共有された運命にまつわるロマンティックなイデオロギーが、統制と支配のシステムにとって重要ではなくなっていた。稀少性が支配的になり、海面が上昇し、地下水が枯渇する一方で、豊かな資源を牛耳る人間や領土や社会階級はおのれを地球上の大多数から防衛するためのバリケードを築くことができるので、それなりに共同体主義的な暴力は、つまりレイシズムやネイティヴィズムや民族間暴力はこの世界においても確実に存在するだろう。しかしレイシズムとナショナリズムの新たな節合が不可避であるにもかかわらず、ここで著者たちは、未来のディストピア的世界を形成するうえでテクノロジーが中心的役割を果たすことを強調したかったのである。

私たちがこのことを強調するのは、国家による強制の実践にかんする伝統的な説明や、それを掘り崩すための伝統的な戦略が、新たなテクノロジーがもたらす国境への影響や、より一般的な影響を十分に説明できていないからである。新たなテクノロジーが国境において担う役割を中心的に考えようとした結果、著者たちはアルベルトの世界の悪夢へと、テクノロジーによって不自由が完成された未来へと導かれたのだった。

しかしアルベルトがいる未来は避けられないものではない――避けられないというには程遠い。そのような未来を著者たちが素描したのは読者を意気消沈させるためではなく、未来に賭けられているものを照らし出すためである。本書の序章で示したように、私たちにとって廃絶主義とは変革のための政治哲学であり、一つの伝統的な組織原理であって、眼前で繰り広げられつつある人類の終末の時代から抜け出すための航路を示すための助けになる。本章では、現在において国境廃絶の政治がどういう姿をとるのかを論じたい。

今までのところ、廃絶主義の活動のもっとも豊かな鉱脈は、なによりまず監獄産業複合体として知られるものに焦点を絞ってきた――人を檻に入れ、監視し、処罰することを止めどなく増えつづける社会問題への主要な対応策として打ち立てている一連の制度および社会関係に。監獄廃絶主義者にとって問題となるのは、物理的な拘禁の場所としての監獄だけでなく、必要かつ永続的なものとしての見かけを監獄に与えるありとあらゆる社会関係である。つまり、労働者階級の諸集団に対する組織立った棄民化、人種差別的な反感や憎悪が発揮する社会的な力、そして治安や刑罰や戦争についての支配的な観念――それをつうじて帝国主義や軍国主義とともに、麻薬との戦争、貧困との戦争、人種化された貧困者に対する戦争といった、さまざまな内戦を作動させる通念――である。「監獄産業複合体の廃絶とは、政治的な展望であり、抑圧の構造的分析であり、かつ実践における組織戦略である」とマリアム・カバは書いている。本書が試みてきたのは、この枠組みを国境廃絶の領域に移すことであった(1)。

国境を廃絶するためには、国境の永続性を下支えしているすべての社会構造に挑戦することが要求される。それはつまり、もっとも見えやすいかたちで現れている国境――そびえ立つ壁や収容センターや一斉送還の航空便といった――を終わらせ、解体するとともに、国境化へと収斂していくよりいっそう広範な社会的および国際的諸関係を変革するということである。決定的に重要な点として、国境とはそれらに対する必要な対応策だと思わせるような、あれこれの出来事を国境廃絶は考慮に入れねばならない。そのような出来事が人々に危害をもたらしているのが本当だとしても、そういった危害をつくりだす諸条件をどうすれば変えられるのかを私たちは明らかにする必要がある。この点においてこそ国境廃絶は、広範な社会変革を達成できるほどに生成的な枠組みとなるのである。

では、私たちは、国境管理が有罪を宣告された人々から共同体をどれほど守っているのかという話を聞かされるときには、どう反応すればよいのか。話のなかで「外国人犯罪者」が人種差別的に強調される点を捉えて非難するべきだというのは、まったくその通りだ。しかしまた、個人間での暴力のような危害に対応する方法を、それも加害者の拘禁や送還には頼らない対処法を発展させる必要もある。移民は賃金の低下や公共サービスの圧迫を招いているという主張を聞かされるときには、どう応答すればよいか。そういう主張が経験的に正しいかどうかとは関係なく、移民に対して包摂的な労働組合の力をつくりだし、万人のためのより大きな社会的給付を求める議論を興す必要がある。そして、移民たち自身が移動するあいだに被る危害——誤った収監、性的暴力、労働の搾取など——について聞かされるときは、どう応答すればよいか。そのような脆弱性をそもそも生み出しているものを、つまりビザへの従属や強いられた非合法性といった形態を終わらせる必要がある。国境の廃絶にはまた、遠く離れた他者、この世界のどこかを問わず遠くにいる他者と、公平な立場でかかわるためにはどうすればよいのかを明らかにし、資源採掘や環境悪化や紐つき援助がもたらす危害を元通りにし、そして国民国家を政治の構成体としては不要にするために活動する、という課題がともなう。

1　非改良主義的改良

廃絶主義者にとっての中心的な務めは、非改良主義的改良とは何かを見極めることである。非改良主義的改良とは「抑圧的システムの力が危機をもたらすこと、それをこのシステム自体は解決できないことを白日のもとにさらしつつ、この力を削っていくためのあれこれの手法」を指す(2)。この言葉は、一九六七年にアンドレ・ゴルツによって、反資本主義の政治をもっと広い文脈で考察するために考案されたものだが、資本主義や環境破壊やとりわけ警察と監獄に対して闘うさまざまな団体によって採用されてきた(3)。警察も監獄も国境も、一日にして廃絶されることはないだろう。しかし非改良主義的改良とは、その過程において同時に警察や監獄や国境の力を削っていく一方で、将来におけるよりいっそう進歩的な変化の可能性をも同時に高めていくような改革である。非改良主義的改良とは、国境のない世界への道をさらに切り開いていくような実質的変化である。監獄廃絶をめざす合衆国の活動団体クリティカル・レジスタンスが言うには「私たちの目標は、システムの改善ではなく、システムをそれが存在しなくなる点にまで切り縮めていくことである(4)」。

非改良主義的改良は、リベラルな改良主義の政治とは対照的なものとして描くことができる。改良主義的な改良とは、〔制度を〕ちょっといじってみる程度の修正のことであり、なんらかの変化をもたらすが、しかしそれが改善しようとする抑圧的構造を究極的には維持し、さらには拡張するものでしかない。国境レジームの抑圧の刃先を鈍らせよと要求するような改革は、実際には体制の抑圧の力が及ぶ範囲を拡げるかもしれない。つまり、入管法を執行する職員たちに訓練や新技術を提供したり、入管収容を免除された移民に対して〔位置情報を追跡するための〕電子タグの利用を拡張したり、人間の意思決定をＡＩに置き換えたりすることを促すかもしれない。改良主義の問題が表立って現れてくるのは、私たちが見たい世界には結局のところ少しも近づけないような、むしろ多くの面で私たちの道を積極的に塞いでしまうような変化のために闘うことで、私たちがエネルギーや資源や時間を浪費してしまうときである。より適切でリベラルな入管体制に満足できる人々にとっては、そういう改良主義的改良で十分なのかもしれない。しかし私たちのような国境廃絶を長期的目標とする人々にとっては、改良主義的改良と非改良主義的改良とを区別することは死活的重要性を帯びた任務である。

　国境廃絶の立場が、より広範な諸関係を——入管の護送車《バン》や収容施設やフロンテクスやＩＣＥや一斉送還用のチャーター機だけでなく、仕事や家族関係、それに現在の国境レジームにおける監視およびデータ取得のための新興テクノロジーの利用をも——思考の枠組みに収めるための助けになるようにと著者たちは望んでいる。廃絶は、改良と革命とを対置する二項対立を内側から壊すことや、いま追求すべきはどんな種類の非改良主義的改良であるかを考えることの助けとなる。さらに言えば、監獄廃絶がブラック・フェミニズムの伝統から出てきた運動であるからこそ、廃絶主義はレイシズムやジェンダー化された暴力を考察の中心に置くための方法をも示してくれる。それは国境の批判のためにもひとしく生産的な方法なのである。

　監獄産業複合体を解体するために働いている廃絶主義運動の組織者たち——とくにクリティカル・レジスタンスおよびマリアム・カバ——が立ててきた問いを、私たち自身が国境の改良主義的な改良と非改良主義的な改良とを区別しようとする試みのなかで投げかけてみることは役に立つ(5)。以下では、国境廃絶の文脈にあわせた類似の問いを提示してみたい。著者たちの狙いは、いまここで実現されるべきだと著者たちが考えるような政策変更を前もって指図するための網羅的リストを提出することではない。改良主義的改良と非改良主義的改良とを分かつ一線は、微妙かつ文脈次第で大きく動くものであり、そして実行に移すさいの方式にも左右されるものである。しかしながら、ある特定の改良について検討するさいに以下のような問いを発してみて、もし答えが「はい」になるとすれば、同じ問いに「いいえ」と答える者よりも、廃絶運動の組織者にとってこそ、よりいっそう実り豊かな道が開けることだろう。

2 入国管理の改革をめぐる五つの質問

一 入管の改革とは、正規の移住や市民権が権利をもつための唯一の正当な方法であるという考え方に挑むものですか?

いいえ――改良主義「すべての無登録移民をただちに正規化しよう、生得的市民権〔出生地主義による国籍付与〕を復活させよう」

アムネスティは——つまり、一定の領域内で無登録移民に対して一斉に行われる法的地位の正規化は——制限的な入管システムをもつ国々ではくりかえし要求される。アムネスティとは常に改良主義的な改良にしかならないことを示すような鉄則が存在するとは著者たちは思わないが、しかし著者たちの見るところではアムネスティは単なる改良主義に陥るおそれが大いにある。いまや英国首相となったボリス・ジョンソン〔二〇二二年九月に辞任〕が、ロンドン市長であったころには無登録移民のアムネスティを支持していたことを考えてほしい。その一方で、アムネスティは同時に、英国における#StatusNow〔今すぐ法的地位を〕キャンペーンや、フランスにおける「黒いベスト運動」の中心的な要求なのである〔黒いベスト運動は、二〇一八年に「黄色いベスト運動」がはじまった直後、それに触発されつつ、無登録移民のための活動組織としてはじまった〕。

在留正規化のためのキャンペーンが、人々の生活にまで手を突っ込む入管システムの権限を切り縮めるというのも、市民権をもつ住民を移民が害するという観念からの潜在的な断絶であるというのも確かだ。しかしアムネスティは、一定の部類の人々を「市民とそれを保護する国家との関係」のなかに取り込んでいくことをも容易にする。それにアムネスティは一回きりとされ、その実施のあとには残りの非市民たちに対して入管の統制が厳格化されるということが多い。たとえばロナルド・レーガン時代の一九八六年移民改革統制法は、一九八二年以前に到着していた大半の無登録の移民を合法化したが、しかし主要には「不法移民」を厳しく取り締まるものとして宣伝され、対メキシコ国境の安全保障をより厳重にするものだと約束された。ところ変わってイタリアやスペインのような国では、アムネスティは一時的で取り消し可能なものとして実施されてきたし、移民を排除し違法化するシステムのもっと根本的な部分を考えなおすことにはあまり向かわず、むしろ税を徴収し経済を規制する必要性への対処に方向づけられてきた。

アムネスティには全ての無登録の人々が正規化されることを防ぐための要件がつけられることもある。たとえば一定の期間より長くその国に在留してきたとか、あるいは犯罪歴がないといった要件である。

こうしてアムネスティは、無登録移民の一部に対しては実質的な救済を提供するかもしれない。しかしそれは、入管システムの廃絶主義的な改革というより広範な文脈の内部で実施されないかぎりは、これから無登録になるであろう人々の生活条件を少しも緩和しないし、あるいは市民であることが尊厳ある生を生きるための唯一の方法であるという考え方から断絶するものでもない。

市民権の申請にかかる費用の削減をつうじてであれ、生得的市民権の復活によってであれ、シティズンシップへのアクセスを容易にするよう求める運動もまた、同じような論理を、つまり人が国家から見て権利保有者として認められるようになるためには正規の法的地位または市民権をもたなければならないとする論理を重ね書きするのである。シティズンシップへの包摂もまたアムネスティという手段と同じように、一部の人々を大きく安堵させるありがたいものであり、人々の生活にまで手を突っ込む入管システムの権限を切り縮めるものではある。しかしそれは、無登録移民や非市民の地位を権利と尊厳に値する人格として復位させることには関係がないし、国境化された国民国家こそ人が社会に帰属することのデフォルトの政治的保証者であるという論理を究極的には補強してしまう。ディミトリス・パパドプーロスとヴァシリス・ジアノスが述べるように「シティズンシップとは、包摂されるべき特定のグループにその見込みをつくりだすための重要なツールであるが、しかし移住が資本主義的主権に対して提起する問いには、すなわち、移動するがゆえに包摂できない人々、すなわち移動する人口のうちの大部分についてはどうすればいいのかという問いには決して応えられない(6)」。

はい——非改良主義「入管法上の地位に関係なくすべての人に、必要不可欠《エッセンシャル》な財とサービスへの平等なアクセスを保証せよ」

著者たちの見るところでは、入管法執行の範囲を縮小せよという要求のほうが有効である。すなわち、執行の対象となる人が、市民や正規の地位の移民として公式に認められることがなくてもそうした人々と同等の権利を——働く権利や必要不可欠なサービスにアクセスする権利などを——享受できるようになる程度にまで、入管法執行の範囲を狭めるべきということだ。このような枠組みにおいては、市民権も入管法上の地位も、ある人の基本的権利の享有を可能にする支点として機能することはなくなるだろう。

保健医療や住居や教育などの必要不可欠な物資とサービスへの無償かつ普遍的なアクセスを求めることは、移民が公共サービスを枯渇させるという俗説と手を切ることでもある。英国では「警察ではなく医者を」という運動体が保健医療へのアクセスを求める素晴らしいキャンペーンを展開したが、その事例から学べるように、このような運動の様態は広範な議論のための空間を切り開くものでもある。〔医療を原則無償化している〕ＮＨＳ〔国民保健サービス〕における〔「外国人訪問者」への〕課金の制度は、医療へのアクセスを思い留まる人や絶たれている人々にもたらされる肉体的および精神的な危害という問題がある点に加えて、それ自体としても失敗している。つまり、課金によって取り戻せるよりもはるかに多くの資金を〔課金のための〕制度運営に費やしており、より広い視野で見れば公的医療制度そのものを掘り崩してもいる。

決定的な点として、こういうやり方で運動をくりひろげていくことにより、保健医療や住居や教育への共同体的なアクセスを保護し財源確保することを要求するような、より広範な進歩的諸運動と共同で行動したり連携を構築していく可能性が切り開かれる。というのも結局のところ、国家が移民には条件つきでしかアクセスできないようなインフラストラクチャーを開発するとき、条件を課されるのが移民だけというのはありそうにないことである。この点を理解するためには、難民申請者にも福祉給付の申請者にも同じような懲罰的措置が働くことで似たような経験をするという点に目を向けてみるだけでよい。ニコラス・ド・ジェノヴァが気づかせてくれるように「シティズンシップの平等主義的な約束を遅ればせながら実現するのだというリベラルがよく口にする言い訳を実行するよりも、はるかに大きな課題が私たちには与えられている。それは、シティズンシップの不実な魅力を克服しつつそれに対抗する多種多様な政治闘争をどう行っていくかについて、ラディカルに開かれた想像力を培っていくという課題である(7)」。

二　入管の改革とは、移住が市民権をもつ住民を害するという考え方に挑むものですか?

いいえ——改良主義「移住統制基金を導入しよう」

英国の移民統制基金（ＣＭＦ）は「近年の移住が地域共同体に及ぼす影響への地方自治体の対処を支援するための基金」である。この基金は、中央政府から供給されるわずかな基金のために申請を行うように地方自治体を強いるものであり、まさにその申請のさいに地方自治体は、移民がつくりだす圧力を和らげるという観点に、そして移民やマイノリティと白人の英国人とのあいだに共同体としての結束を築くという観点にもとづいた計画案を策定しなければならない。これは保守党の政策だが、しかし本質的にはニュー・レイバー〔一九九七～二〇一〇年労働党政権〕の移民影響基金（ＭＩＦ）を修正して復活させたものだ。どちらの基金も事実上は、移民（および「エスニック・マイノリティ」）を地域の財とサービスに対する唯一の、または主要な圧力の源泉であるかのように描き出すものであり、それまでの長期にわたる財政緊縮と国内人口移動がもたらした影響を巧妙にも省略し、地方自治体が公共サービスの財源にアクセスするためには反移民的な政策の枠づけを模倣しなければならないように強いる。

これは自明なことかもしれないが、くりかえし述べておく価値があるだろう。どのような改革も、移住は市民権をもつ住民を害するという観念を前提とするかぎりは、入管システムの論理の内部で遂行されるものでしかなく、市民権をもつ住民を保護する必要があるという考えや、そのための有効な手段が入国管理なのだという考えを強化してしまうのであって、それゆえに逆効果である。

はい——非改良主義「有罪判決後の送還を終わらせよう」

有罪を宣告された者の送還は、英国では、有罪かつ一二か月以上の拘禁刑との判決を下されたすべての者を自動的に送還の審査手続きに入れるという政策となっている（合衆国における「加重重罪」を宣告された「犯罪外国人」を標的とした送還政策に酷似している）。この政策を終わらせるための運動は、法に違反した外国人が危険きわまりない社会への脅威であるという論理と、その主要な役割が無期限収容や追放刑としての送還といった政策の正当化であるような論理と手を切るかぎりで、非改良主義的なものとなる。このアプローチにおいて有罪を宣告された人々は、私たちの共同体の構成員として、国家の都合にあわせて戦略的に棄民化して済ますということが許されない存在として位置づけなおされる。

三　入管の改革は、入国管理のために利用可能なテクノロジーやツールや戦術を減らすものですか？

いいえ——改良主義「入管当局の意思決定を標準化するために〔ＡＩの〕自動決定を利用しよう」

入国管理に利用できる資源が増えれば、異なる人間集団どうしを区別し、マイノリティのうち特権的地位にある人々に正規の地位を与えつつそれ以外を排除する入管システムの働きが、よりいっそう効力を高めることは避けられない。自動的な意思決定のテクノロジーを訓練するために、それに先立つ入管法執行の実務から引き出された利用可能なデータが使われうるが、しかし入管の実務では概して、貧しい人種化された人々ばかりが不釣り合いに法執行の対象とされている。自動ツールは単に旧来のシステムにテクノロジーという正当性の見かけを付け加えるにすぎず、その一方でシステムが人々の生活に及ぼす影響を小さくするようなことは何もしない。

かなり多くの場合、改良主義的改良はテクノロジー重視で、人間の偏見を克服し官僚的管理プロセスを合理化してくれるように見える調整策を提唱しがちである。このような改良は、ある種の暴力を禁じるが、しかし別種の暴力と置き換えることによってそうするのである。民兵が警察に、絞首台が監獄に置き換えられたのと同じように、爆撃機のパイロットはAIドローンに、収容施設の独房は追跡のための電子タグに、そして国境壁はヴァーチャルな国境に置き換えられるだろう――またはハイテク国境化の新たな諸形態が旧来の諸形態を補うというのがもっとありそうな話であろう。私たちの時代では、この種の改良の多くが強度のより高い監視に頼っている――しばしばデータ共有やデジタルインフラをつうじて万人の身元情報と位置情報を遠隔でモニターする技術に。国境廃絶の運動は、ビッグデータやデジタル監視や予測分析といった文脈において国境がいかに機能するかについてのより鋭い分析を発展させる必要がある。

はい――非改良主義「必要不可欠な公共サービスにおけるデータを入管法の執行機関から遮断《ファイヤーウォール》せよ」

その一方で、保健医療や教育、それにホームレス支援の慈善団体のようなその他の事業体が保持するデータを入管法の執行機関が利用するのを防ぐことは、人々を追跡して収容し、送還し、必要不可欠なサービスへのアクセスを否定する入管の能力を切り縮める。またしたがってそれは、入管システムが移民ならびにより広範な社会全般にもたらす全体的な影響をも縮小させる。

四　入管の改革は、入国管理が人々の生活に及ぼす影響を減らすものですか？

いいえ――改良主義「収容する代わりに〔位置情報の追跡のための〕電子タグを装着させよう」

この問いは、入国管理を縮小させるような改革を、入国管理を代替または補助するだけの改革から区別するために役立つ。「収容代替措置」（ATD）を求める声は、収容の基底にある前提――移民は監視され、統制され、そして究極的には社会から排除される必要がある――には明らかに挑戦しない。むしろそのような要求は、より安上がりな地域共同体〔自治体〕レベルの監視、電子タグ装着のような統制手段といった、人間の自由の根本的な制限を維持するような諸処置を正当化するために国家に採用されるリスクがある。

はい――非改良主義「内務省への通報義務を終わらせよう」

それとは対照的に、収容と通報義務とを終わらせよという要求には、入管システム全体に挑戦し、これを徐々に削り取っていくことが可能である。地域共同体の内部での監視という代替措置を提示する必要は、私たちにはない。

五　入管の改革は、入国管理のための財政を削減するものですか？

いいえ——改良主義「入管システムで働く職員をもっと訓練しよう」

入管の意思決定者にもっと訓練を施すとか、入管当局の職員数を増やすとか、特定の移民集団に対してより繊細な扱いをするための専門家チームを置くとか、新技術を採用するとか、そういう類の改良はどれもみな入管システムにさらに多くの資金を注ぎ込み、それによって入管を強化するものでしかない。

はい——非改良主義「入管職員の数を減らし、労働市場での法執行に財源を充てよう」

非改良主義的改良は、資金と資源を入管システムから遠ざけ、それよりも人々の権利を保護する見込みが大きい、共同体レベルの諸実践ならびに諸制度へと振り向けるものである。この点について私たちは、すべての労働者の権利を保護しうるような国家介入の別の形態を提示しうる。すなわち、労働市場の規制——たとえば最低賃金——を入管法のいかなる執行からも常に切り離しつつ執行する、といったことである。国家の諸機能をしっかりと分離することは、非市民が司法や虐待からの保護に頼れるようにするためには必要不可欠である。

3　次はどこへ？

改良主義的改良と非改良主義的改良とを区別するためのより明白な枠組みが与えられれば、私たちのエネルギーや資源をどこに、どのようにつぎ込んでいけばよいのかを決めることの助けになるだろう。この枠組みはまた、移民の権利運動にかかわる人々や諸団体のあいだで戦略や個々の改革をめぐる意見の不一致が生じるのはなぜ、どのようにしてかを探り出すための有益な語彙をも提供してくれるだろう。私たちが運動の経験から知っていることだが、ときに人は、移民の権利をめぐる問題に取り組んでいる者がみな自動的に同じ運動に組み込まれていると思い込んでおり、そのせいでときには、ある改革が別の改革とは違う理由を明確にすることが困難になりうる。したがって、廃絶運動の――すなわち非改良主義的改良の――枠組みは、世論喚起《アドボカシー》や運動《キャンペーン》の数多くの分岐点がどこにあるのかを見定めるために有効だ。そのように分岐が生じるのは、さまざまな集団がまったく異なる目標のために、まったく異なる戦略を採用しながら、そして――これが決定的な点なのだが――まったく異なる時間的尺度のなかで活動しているからである。

あるNGOが、現職の政治家からなる小さな幹部会にロビイングをかけて入管システムの手続き的な修正を達成することを旨とした、一八か月という時間的尺度の戦略をもっているとする。ある廃絶主義の運動団体は、自らの課題を達成するには数世代に及ぶ時間を要すると考えている。どちらの団体も、移民の権利のために活動しているという点で表面的には一致するが、しかしこのNGOの試みは、この廃絶主義的団体がやろうとしていることと同じでは決してない。いくつかの場合には、改良主義的キャンペーンは廃絶主義者の仕事により大きな困難をもたらしかねない。そして私たちは、廃絶主義者の展望を共有しない人や団体と論争するために不必要なエネルギーを注ぐことは避けるべきである。しかしもっと楽観的になって、こう望むようにしよう。たとえNGOが公的な場面で廃絶主義を率直に是認することがない、あるいはそうできないとしても、廃絶という長期的目標を支えることができるような非改良主義的な諸改良とは何なのかを見極めることくらいは、私たちが国境廃絶の政治について詳しく説明することで促せるかもしれないと。

実現しうる非改良主義的改良は、いまここで遂行すべき喫緊のものだと運動の組織者たちにみなされうるような非改良主義的改良は、ずらりと並べられるほどたくさんある。入国管理は国家に対する特殊な関係をつくりだすがゆえに、そのような改革の多くは、個々の国の内部で遂行されるものである。すなわち、指紋採取のような共同体内監視の諸措置を大学には適用させないことや、就労や住居の賃貸や自動車の運転といった移民が生存するために不可欠であるかもしれない行為を犯罪として扱わないことや、入管法執行とは決して連動しない必要不可欠な財やサービスへの普遍的アクセスを確保することだ。私たちはまた、人間の国外追放をもっとやりにくいものにするための改革や実践をも考慮に入れるべきである。たとえば入管収容を終わらせたり、一斉送還の航空便を止めたり、入管の摘発を終わらせたりといったことだ。

一国的な改革という域を超えて、さらに私たちは国際レベルでの要求を立てる必要がある。すなわち、フロンテクスのような入管法執行のための国際的な諸措置や制度に充てられる財源を減らし、欧州の隣国における入管法執行のインフラや制度を補助するためのEUレベルでの資金提供を終わらせようと呼びかけるべきである。またそのかわりに、グローバル・サウスの諸共同体がエコロジー的崩壊に対処する能力を高めるためのグローバルな連帯基金の設立を求めるべきである。私たちはまた、国どうしの関係を変革するであろう政策にも目を向けることができる。そのような変革は、グローバル・サウスにおける解放運動が長きにわたって要求してきたものだ。すなわち、債務を帳消しにし、武器輸出を終わらせ、金融支援の条件としての構造調整的な措置の押しつけ〔新自由主義政策の強要のこと〕を終わらせることである。私たちはまた、二国間および広域《リージョン》レベルでの入国管理の緩和策、すなわち、文書の作成や収入額による制限のような入管法上の要件を減らすなどの緩和策をも考慮に入れるべきである。そして最後に、戦争や準戦争――テロとの戦争や麻薬との戦争などといった――を終わらせるために私たちは運動を起こすことができる。

ここまでに筆者たちが述べてきたことは、ちょっとした対応でしかない。廃絶主義を実践するとは、非改良主義的改良を要求することだけに限られるわけではないと筆者たちは認識している。同じくらい重要なのは、別の世界と未来を、よりよい世界と未来を想像し、また予示することである――本書の最後の章または物語では、この点に注意を向けてみたい。

廃絶とはラディカルであろうという志向であり、かつ組織化の手法という実践的なものである。廃絶主義は、その仕事にとりかかる前に完成されたユートピアの像をもつことを要求するものではない

（ユートピアのイメージを素描してくれる者を著者たちは評価するが）。私たちがそう捉えているように、時間とは規則正しく進行するものではない。むしろ歴史とは自由自在な拍子《テンポ・ルバート》でくりひろげられるのであり、そして危機の時代にはものごとが速度を上げるものだ。そのようなときには、どのような下部構造《インフラストラクチャー》が、どのような関係が、どのような別の常識のかたち(alternative forms of common-sense)が、困難な時代においても想像することと闘うことをやめなかった人々によって発展させられてきたのか(have been developed)が問題となる。[8] したがって肝心なのは、いまの世代には不可能であることが後の世代には可能になるように、いま何ができるか、である。国境の論理を拒否するアイデンティティや関係や実践を築き上げ、育てていくべきであり、いまここで国境が発揮している力の範囲を縮小するような変化を求めて運動していくべきである。私たちが国境を廃絶したときに立ち現れる政治的共同体とはどんなものか、それはどんなやり方で治められていくのかといったことは分からないままだろう。だがそれでいい。こういったことは、解体と再建の過程においてしか答えられない問題なのである。国境廃絶の場合にはとりわけそうだと言えるかもしれない。どう考えても、境界づけられた政治的共同体が存在しない世界というものを想像するよりは、警察と監獄のない世界を想像するほうが簡単だろう。だがそれでも、国境廃絶こそが私たちの道しるべの星である。そして非改良主義的な諸改良は、旅路の途上で私たちを待つ中間地点なのである。

幕間劇——未来 II

希望とは、不可避だとされることとの拒否である。国境が強化され、グローバルな不平等が拡大し、気候破局が迫り、そしてテクノロジーの進化が抑圧を誘発する、この今という時代において、人類の眼前には数多くの可能な未来がある。だが、現在の不確実性は長く続きそうに見えるし、よりよい世界を思い描こうとする私たちの想像力は、ありとあらゆる種類の運命と絶望に取り込まれてしまうかもしれないという危機に瀕している。手持ちの財産が奪われてしまえば——つまり権利や保護や未来への約束が見失われるときには——私たちはついには短期的な闘争だけにしか意識を向けなくなり、もとよりまったく不十分であるはずの現状を維持することにしかかかわらなくなるだろう。ものごとは根本的《ラディカル》に別のかたちをとりうるし、別のかたちをとらねばならないのだと論じたところで、たいていは敵意や嘲笑に遭うだけだ。いつだって私たちは、手続き化された手段をつうじて「現実主義的」または「実現可能」な改革に向けて取り組むように促されている。つまり、想像力や希望や集団的な力を追い求めるのはあきらめて、果てしなく実施されている「マーケティング用に抽出された」フォーカスグループや世論調査でどんなことが言われているかを辿れ、というのである。

この第二の幕間劇は、私たち自身を待ち受けている未来とはラディカルに異なる未来を想像してみようという試みである。それは生きる価値のあるものとして想像された未来である。ただし人生なんて気楽なものだと言いたいわけではない。筆者たちが思い描くユートピアでは、他の多くのユートピアと同様に脅威や対立が、内部で生じるものであれ外からもたらされるものであれ、不断に克服されていく——また必要な場面においては闘いに発展する（意見の一致と画一性が定着したユートピアなるものは少しもユートピア的ではないだろう）。この想像された未来において、政治的共同体がとる姿は私たちが知るものとは非常に異なったものであり、率直さと世俗的な集団意識のおかげで人間は温暖化する地球をどうにか制御できるようになる。家族や親族にまつわる考え方もまた根本的に違うものになっており、自由のためには場所を移す権利が必須となっている。

1　ありうるユートピア

ハンナの母親は具合が悪い。末期患者施療院《ホスピス》にいて容態は落ち着いているが、衰弱が進んでいる。この知らせを聞いたハンナの父親は、昨日、母親に検査を受けさせた。二人とも、いつかこうなることは分かっていた。母親は五〇年前に肺がんと診断されたあと、早期に手術を受け、それからは実験段階だが高い効果を発揮する食餌療法をおこなう専門医の診療を受けていたのだが、しかしそのころからずっと、彼女が第三半世紀（一五〇歳）まで生きるのは難しいだろうと予想されていたのである。

ハンナは数十年にわたる晩年を過ごしている父親のそばに居てやるために、カガヤン（現フィリピン）からロンドンに戻る必要が出てくるだろう。彼女は父親の介護をどうしようかと心配しているわけではない。父親はここ数年、市の交流所の一員であり、市の農場で穀物を育てたり、子どもや大人に彼の第一言語を教えたりしている。交流所のおかげで父親は温厚さと健康を保ちつづけられるだろうとハンナは信頼している。しかし彼女は、第一半世紀〔五〇歳〕のお祝いで彼を父親に選んだとき、彼が天寿をまっとうできるようにいっしょに歩んでいこうと決めたのである。それでも父親と話したあと、ハンナは身がよじれるような悲しみを胸に感じた。彼女は書き置きを残して空港に向かった。口では言いたくない気分だったし、それにこの最初の移動は長旅にはならない予定だった。彼女は長くても数日ほどでまたロンドンから戻ってくるので、カガヤンの人々に持ち物を譲り、別れを告げるのはそれからでよかった。

飛行機は、緊急時でなければほとんど使われなくなった旅行手段である。旅客便は彼女がまだ二〇代から三〇代だったころに成功裏に廃止された。山火事が猛威をふるい海面が徐々に迫り上がるにつれて、飛行機は多かれ少なかれタブーとなった——しかも評議会連合《カウンシルズ》が気候緩和のために旅客便を公式に廃止するよりまえに。いずれにせよ飛行機は余暇向けの乗り物ではなくなっていた。嵐のせいで空を飛ぶことはよりいっそう危険となっただけでなく、運行時刻は急変するようになったため、大半の人間にとってはせっかく立てた計画を数週間にもわたって狂わせるものとなったのである。もちろん人々は依然として移動していた。しかし通常の移動手段では時間がかかりすぎて、ハンナは間に合わなかっただろう。自転車や徒歩の隊列《キャラバン》は、このような長距離移動の手段としては論外だったし、太陽潜水艦《サンサブ》は、太陽光で発電し小回りのきく水陸両用の乗り物だが、日光のもとでしか動いてくれない代物であった。

空港でハンナは、次のロンドン行きの便がいつ出発するのかを壁に埋め込まれたモニターに尋ね、それから父親宛てに、自分がそちらに向かっていると報せるメッセージを録音した。ハンナは人生で一度だけ飛行機に乗ったことがあり、行き先はティファナ〔現メキシコ〕であったが、そのときはハンナのきょうだいの心が情動過多《オーバーフロー》を起こして〔またそのせいで他人に危害を及ぼして〕しまったために、民間危害責任局《シヴィル・ハーム・レスポンス》〔という名の、警察や刑罰制度なしに私人のあいだの危害に対処するための公的機関〕の要請で当事者たちの修復に参加したのだった。

ハンナは幸運だった——フライトまでの待ち時間は五時間だけだったし、もう飛行機は到着していたのである。ハンナは滑走路に歩み出て、搭乗口でガイドに「お察しください《コンパッション》」と挨拶した。フライトの目的を説明するためだった。ガイドたちは頷いた。ハンナは角のほうの席に座り、バッグをしまい込むと、母の思い出に浸った。

ソルシードという新たな改良植物の種子を積んだ第一便が「南」から到着すると、ジョナとサラはそれを見ようと駆けていった。台板《パレット》がケーブルで引き上げられ——シューシューと音を立てながら——地面に降ろされると、赤い土煙が舞い上がった。ここ二か月ほどのあいだジョナとサラの自治体《カウンティ》では、永続型土地利用《パーマカルチャー》の実践として、太陽が完全に沈もうとしている夕暮れ時に、土地の整備が進められた。この土地には、ソルシード樹冠《キャノピー》へと育て上げられることになる苗木が植えられるのである。大おば様《グレイト・マ》は一番上の包みの中から二切れの麻布を引き出して、待ち構えていた子どものそれぞれに一枚ずつ手渡した。

ソルシード計画はサウスパクト・ミティゲイト〔気候緩和にかんする南部協定〕の第二段階に位置づけられており、向こう五年間は気温が摂氏四二度以上には上がらないと見通される内陸カウンティで利用可能です。耕起済みの乾燥土壌に五センチメートル以下の浅さで種をまき、地下から湧くアルカリイオン水を毎週やり、一か月が経ったら間引きをしてください。あなたのソルシード樹冠は二か月でおよそ四・三メートルに生長し、木陰を作ることで外気温を最大で六度、引き下げます。

サウスパクト・ミティゲイトの支援およびソルシード計画への参加をご審議いただき、誠にありがとうございます。ともに適応《アダプト》し、ともに移動し、ともに繁栄しましょう。

三か月後、木陰に風がそよぐ朝にサラは背伸びをしていると、メッセージの受信通知が「ハブ」のモニター画面で点滅しているのに気づいた。開封用のキー番号を入力してみたが、メッセージには宛先がなかった。それはカウンティ宛ての速報だったのだ。

移住先候補が第三段階の条件に合致。

それを見てサラは、何とも名状しがたい感情に襲われた。安堵、寂しさ、そして興奮が入り混じっていたように思える。同じ週に評議会では、新たな移住先候補に到達している先遣隊《スカウト》に合流するのかどうか、そうするとすればいつ合流するのか、あるいはもしかしたらいまの場所に留まり環境の変化に耐えていくのかを審議する予定であった。つまり後者の場合、環境の変化に適応しながら次の十年に訪れる第四段階を生き抜くということになる。

当初、年長者たちには、いまいる場所を離れることなんて考えられなかったはずだ――いまではサラにもその気持ちが分かる。それでも年長者たちが移住先の探査に着手した理由を、サラは分かっていた。人々が同じ選択を突きつけられ離れる選択をしたために、多くの住居が戸も半開きのままに放置された空き家になっていくのを、彼女は見て育ってきたのである。サラの記憶するかぎりでは、そうなっていった理由は、砂嵐がひと月の半分の家ごもりを人々に強い、太陽電池に大損害をもたらし、うまく穴に隠れられなかったか穴の入口から遠ざかりすぎて道に迷ってしまった動物を窒息させていたからである。太陽光の暑さと有害度が強まっていくにつれて、人々の日焼けし水膨れした皮膚にはよりいっそう精巧に作られた保護用品が必要になった。その一方で地下水は通常の水脈では干からびていき、それまでは通っていなかったところを気まぐれに流れるようになった。かつてのオアシスが枯れる一方で別の新しい場所は洪水に見舞われ、そして地下水脈は深く深く沈んでいったのである。

かつてソルシードは未完成品で、カウンティの技術者たちがそれを植えても残念な結果にしかならなかった。そのころに大おば様が、サラに次のように説明したことがある。もはや地球上のどこに行っても、土地が生態系と人間を維持しつづけられるかどうかは分からないと。そうなる危険性について、どこでも評議会やカウンティが何か月も審議して、最終的にはサウスパクト・ミティゲイトというプログラムを策定した。それは数十年にわたって、たくさんの未来の可能性を模索すべく取り組まれるプログラムだった。それが到達しようとする未来は、過去に振るわれていた暴力を新しいテクノロジーが無効化し修復する未来かもしれないし、あるいは失われたものは回復できないけれども、残されたものは共有され、私有物としては貯蔵されないような未来かもしれない。騒々しい公式審議がはじまるまえにすら、すでにサラのカウンティでは多くの寝ぐら《ネスト》がなかば空室になっていた。

じめじめとした未明の暗がりのなかでジョナは目覚めた。かれらが夜を徹して畑の崩れかけた畔《あぜ》に琥珀色の種子を植えてから、六か月が経っていた。ジョナはソルシード樹冠のプラットフォームから巻胴式昇降機で降りると、車椅子に座り、生い茂る葉の下をとおって、鳥がさえずりはじめた闇夜のなかへと進んだ。新たなソルシード樹冠のおかげで住民の寝ぐらとその周囲の道の気温は和らいだが、しかし食糧維持用地《サブシステンス・フィールド》で通常の穀物を育てるためには日陰が多すぎ、そして少ない日光に適応した種子はまだ到着していなかった(「北」の諸地域の評議会のうち、小規模だが破滅的影響を環境に及ぼすゲリラ的なフラッキング採掘〔岩石を超高水圧で砕いて天然ガスを採取する、さまざまな環境被害をもたらすと現実にも懸念されている方法〕への対策に失敗したものは、サウスパクトとのあいだで係争中であった)。太陽電池の一つがギギっと不吉な音を立てて軋《きし》んだ。新しい樹冠よりも高いところに設置するために、太陽電池は高さおよそ四・六メートルまで引き上げられており、そのため強風のせいでよりいっそう割れやすかった。そして地上の温度低下のおかげで地下のアルカリイオン水はもっと地表に近いところにまで上がってきたが、しかし古い廃棄場の残存物から染み出す酸までもが気温低下によって中和されるわけではなかった。そう、サラやジョナが、そして同じ地方で育った全ての子どもが成長の過程で学んだように、ソルシードには効果があるとしても、大地を掘り返しながらげっぷのようにガスを出す採掘主義者たちが数世紀にわたってもたらした自然の損傷を、それは緩和しているにすぎないのである。ソルシードで時間稼ぎをしているあいだに人類は再定住を済ませ、第四段階に到達できるだろう。だがそれは先行世代の人々が念のために用意しておいた次善の手段でしかない。

2　廃絶主義の未来

アルベルトの生存状態〔幕間劇――未来Iを参照〕を陰鬱だと感じるすべての人々にとって、つまり私たちにとって、彼の話は、著者たちが本書で述べてきた国境廃絶の呼びかけがいかに急を要するのかをまさに強調するものである。要点はここでも変わらない。すなわち、私たちが世界に対して能動的に働きかけることができるのは、集団としてである。ハンナやジョナやサラの世界においては、そのための集団的活動の空間がさまざまな方法で拡張されてきた。能動的な主体性――同時に個人的でも集団的でもあるような――をかれらがもてるかどうかは、文化の違いに、地球や家族に、そして労働や生活に対してとりうるさまざまな関係について、どういうオルタナティヴな考え方を獲得できるかにかかっている――そしてもちろん、監視し、統制し、産業と利潤を最大化するために設計された非民主的で集権化されたテクノロジーを廃止できるかどうかにも。本書の第八章では、今とるべき政治戦略とは何かという実践的問題に焦点を当てた。この考察はつまるところ、アルベルトの世界が現実に成立することを防ぎつつ、ハンナやジョナやサラが暮らすような世界やそれと似たような他の世界へと私たちを導くためのものであったといっても過言ではない。

現在がそうであるように、未来もまた気楽なものではないだろう。しかし私たちは、いま行動することをつうじて、自分たちのためにも次の世代のためにもより大きな可能性を開いていくことができる。そのために必要なのは、夢を抱き、想像することであり、そのうえで提示された理想像《ビジョン》に照らしつつ現在を捉えかえすことである。いまこの世界で国境が何をしているのかを注意深く考えていくことであり、国境をこれほどにも必然的かつ永続的なものであるかのように思わせているものを、つまり暴力と締め出しのさまざまな結びつきを掘り崩していくことである。それはつまり、改良主義というつまらない政治とかかわって自縄自縛に陥るのを避けるということである。現在の世界において不動かつ永遠であるかのように見えるもの――資本主義、監獄、戦争、核家族、国民国家のような――は不正かつ期待外れなものであり、なくせるはずだと言い切れるくらい大胆になるということである。政治的抽象から抜け出し、組織化と運動という喧騒と乱雑さと歓びの領域へと足を踏み入れ、そこからさらに私たちが思い描くとともに必要とするさまざまなユートピアに向けて動き出すということであり、ユートピアの予示となるような生き方をするということである。国境廃絶は、究極的にはいかなる革命的政治のプログラムにとっても中心となるだろう――それを理解できないなら、私たちは生きるに値する未来を想像しようとする闘いにおいてすでに敗北してしまっている。私たちの多様で色彩豊かな夢を、未来のもっと良い世界に向かっていこうとするいくつもの夢を育んでいくことに、本書は貢献しうるだろう――それが著者たちの希望である。

〔第1節「ありうるユートピア」のSF的世界観について訳者が尋ねたところ、考案者であるブフッドリーが背景設定を教えてくれた。その一部を以下に紹介する。第一に、このユートピア世界において人間の寿命は「一二五年から二〇〇年」に延びている。この長命化は「(監獄、警察、軍隊にではなく)医療により多くの資源が割り当てられ、より平等な医療へのアクセスが提供されている」結果である。第二に、サラとジョナの物語に登場したサウスパクト・ミティゲイト計画の四つの各段階は、おおよそ次のようなものと推測される。第一段階――環境破壊低減と「北」からの「南」への資源提供。化石燃料消費と他の環境破壊的慣習が低減され、「南」が第二～四段階に着手できるよう「北」の政府に資源提供の圧力をかける段階。第二段階――緩和。気候変動の影響低減。従来とは異なる穀物の栽培、気温低下のための街路と住居の再編、水資源保護など。改良種子植物ソルシードの利用計画も含む。第三段階――移住。気候変動のせいで居住不能になった地域で、住民がこの現実を認め、緩和が可能な地域に移住。サラが受信したのは、この移住の条件に合致した土地が見つかったという速報。第四段階――再建。環境破壊要因の段階的廃止が成功、安定期へ。ようやく長期的視野での再建が展望可能に。〕

原　注

序章

（1）Harsha Walia, *Border and Rule: Global Migration, Capitalism, and the Rise of Racist Nationalism* (London: Haymarket, 2021)は、その第四部でこれらのつながりを手際よくまとめている。

（2）Amelia Gentleman, *The Windrush Betrayal: Exposing the Hostile Environment* (London: Guardian/Faber, 2019).

（3）日常のなかに現れる国境についてはNira Yuval-Davis, Georgie Wemyss and Kathryn Cassidy, *Bordering* (Oxford: Polity, 2019)を参照。

（4）Catherine Dauvergne, *Making People Illegal: What Globalization Means for Migration and Law* (Cambridge: CUP, 2008).

（5）いかに入国管理が市民に影響を及ぼし、シティズンシップの意味内容を定義づけているかについてはブリジット・アンダーソン(Bridget Anderson)の仕事を、とりわけ *Us and Them? The Dangerous Politics of Immigration Control* (Oxford: OUP, 2013)および'"Heads I Win. Tails You Lose." Migration and the Worker Citizen', *Current Legal Problems* 68: 1 (2015)を参照。

（6）Radhika Mongia, *Indian Migration and Empire: A Colonial Genealogy of the Modern State* (Durham, NC: Duke University Press, 2018).

（7）Adam McKeown, *Melancholy Order: Asian Migration and the Globalization of Borders* (New York: Columbia University Press, 2008).

（8）Nadine El-Enany, *Bordering Britain: Law, Race and Empire* (Manchester: Manchester University Press, 2020).

（9）Stuart Hall, *Familiar Stranger: A Life Between Two Islands* (London: Allen Lane, 2017), p. 65.〔スチュアート・ホール、ビル・シュワルツ『親密なるよそ者――スチュアート・ホール回想録』吉田裕訳、人文書院、二〇二一年、一三〇頁。〕

（10）Angela Davis, *Are Prisons Obsolete?* (New York: Seven Stories, 2003).〔アンジェラ・デイヴィス『監獄ビジネス――グローバリズムと産獄複合体』上杉忍訳、岩波書店、二〇〇八年。〕

（11）Bridget Anderson, Nandita Sharma and Cynthia Wright, 'Editorial: Why No Borders?', *Refuge: Canada's Journal on Refugees* 26: 2 (2009), p. 6.

（12）Dan Berger, Mariame Kaba and David Stein, 'What Abolitionists Do', *Jacobin*, 24 August 2017, at jacobinmag.com.

（13）Ruth Wilson Gilmore, *Change Everything: Racial Capitalism and the Case for Abolition* (London: Haymarket, forthcoming).

（14）E. Bloch, *The Principle of Hope* (Cambridge, MA: MIT Press, 1986 [1959]), p. 3.〔ブロッホ『希望の原理 第一巻』山下肇ほか訳、白水社、一九八二年、一七頁。〕

（15）Mariame Kaba, *We Do This 'Til We Free Us* (London: Haymarket, 2021); bell hooks, *Teaching Community: A Pedagogy of Hope* (New York: Routledge, 2003), pp. xiv–xv.〔ここで引用されている箇所の最後の一文、「希望によって生きるとは、次の行動を起こす価値はあると信じることだ」はフックスのものとされているが、正しくはフックスが同書で引用したマリー・グレイによるもの。〕

（16）Les Back, 'Hope's Work', *Antipode* 53: 1 (2021).

（17）Kaba, *We Do This 'Til We Free Us.*

第1章

(1) David Theo Goldberg, *Are We All Postracial Yet?* (London: Polity, 2015), p. 4.

(2) この「ゴミ漁りのイデオロギー」というフレーズは George L. Mosse, *Toward the Final Solution: A History of European Racism* (New York: Howard Fertig, 1978) から拝借している。

(3) Bridget Anderson, *Us and Them? The Dangerous Politics of Immigration Control* (Oxford: OUP, 2013).

(4) David Theo Goldberg, *The Threat of Race: Reflections on Racial Neoliberalism* (London: Wiley-Blackwell, 2009), pp. 1–32.

(5) Walter D. Mignolo, *The Darker Side of Western Modernity: Global Futures, Decolonial Options* (Durham, NC: Duke University Press, 2011).

(6) Sivamohan Valluvan, *The Clamour of Nationalism: Race and Nation in Twenty-First-Century Britain* (Manchester: Manchester University Press, 2019), p. 54.

(7) Etienne Balibar, 'Racism and Nationalism', in E. Balibar and I. Wallerstein, eds, *Race, Nation, Class: Ambiguous Identities* (London: Verso, 1991), p. 48〔二つ目の引用は p. 53〕.〔エティエンヌ・バリバール「人種主義と国民主義」、バリバール、ウォーラーステイン『人種・国民・階級』若森章孝ほか訳、唯学書房、二〇一四年、七五と八三頁。ただし英語版から訳し直した。〕

(8) Hagar Kotef, *Movement and the Ordering of Freedom: On Liberal Governances of Mobility* (Durham, NC: Duke University Press, 2015), p. 15.

(9) James C. Scott, *Seeing Like a State: How Certain Schemes to Improve the Human Condition Have Failed* (New Haven, CT: Yale University Press, 1999).

(10) Nandita Sharma, *Home Rule: National Sovereignty and the Separation of Natives and Migrants* (Durham, NC: Duke University Press, 2020); Aderanti Adepoju, 'Illegals and Expulsion in Africa: The Nigerian Experience',

International Migration Review 18: 3 (1984); Mahmood Mamdani, *Neither Settler Nor Native: The Making and Unmaking of Permanent Minorities* (Cambridge, MA: Harvard University Press, 2020).

(11) Mahmood Mamdani, *Define and Rule: Native as Political Identity* (The W. E. B. Du Bois Lectures) (Cambridge, MA: Harvard University Press, 2012).

(12) Achille Mbembe, 'The Idea of a Borderless World', *Africa Is a Country*, 2019, at africasacountry.com.

第二章

(1) Bridget Anderson, *Us and Them? The Dangerous Politics of Immigration Control* (Oxford: OUP, 2013), p. 66.

(2) Ibid., p. 67.

(3) Eithné Luibhéid, *Pregnant on Arrival: Making the Illegal Immigrant* (Minneapolis, MN: University of Minnesota Press, 2013).

(4) Luke de Noronha, 'No Tears Left to Cry: Being Deported Is a Distressing Nightmare', *VICE News*, 1 December 2016, at vice.com.

(5) United Nations, *Universal Declaration of Human Rights* (1948).〔国連世界人権宣言(一九四八年)の日本語訳は外務省訳 https://www.mofa.go.jp/mofaj/gaiko/udhr/1b_002.html を参照した。〕

(6) Council of Europe, *The European Convention on Human Rights* (Strasbourg: Directorate of Information, 1952).〔訳文は欧州人権裁判所のウェブサイト https://www.echr.coe.int/documents/d/echr/Convention_JPN を参照した。〕

(7) Silvia Federici, *Wages Against Housework* (Bristol: Falling Wall, 1975).

(8) Anderson, *Us and Them?*, pp. 166–7.

(9) Ibid., pp. 172–6.

(10) Juno Mac and Molly Smith, *Revolting Prostitutes: The Fight for Sex Workers' Rights* (London: Verso, 2018).

(11) Julia O'Connell Davidson, *Modern Slavery: The Margins of Freedom* (Basingstoke: Palgrave Macmillan, 2015).

(12) これらの要求を記録するウェブサイト「被収容者の声」(detainedvoices.com)を参照。

(13) Anderson, *Us and Them?*, p. 137.

(14) Ava Caradonna, 'We Speak but You Don't Listen: Migrant Sex Worker Organising at the Border', *X:talk Project* (2016), at opendemocracy.net.

(15) 'bell hooks – Are You Still a Slave? Liberating the Black Female Body', YouTube, 7 May 2014.〔なお上の引用箇所はベル・フックスが自らを「同性愛者ではなくクィアである」としたうえで、クィアであることで大事なのは「誰とセックスしているのかではなく——それはクィアであることの次元の一つにはなりうるが——」という発言の直後に続くもの。〕

第三章

(1) ハーシャ・ワリアは「国境《ボーダー》帝国主義」という用語によって、このような〔グローバル・サウスでの土地〕剥奪および封じ込めと〔グローバル・ノースへの〕一時的労働および非合法労働の輸入との広範な関係を説明する。Harsha Walia, *Undoing Border Imperialism* (Oakland, CA: AK Press, 2013).

(2) Ruth Wilson Gilmore, 'Abolition Geography and the Problem of Innocence', in G. T. Johnson and A. Lubin, eds, *Futures of Black Radicalism* (New York: Verso, 2017).〔p. 240. なお引用箇所は「人種的資本主義において人種的なものとは〔資本主義にとって〕副次的でもなければ、肌の色や大陸間の対立にその起源を持つものでもない。資本主義が人種的である所以は早すぎる死の訪れがいつも決まって集団的に差別化されるからだ」という文章に続くもの。〕

(3) Lisa O'Carroll, 'Immigration Raid on Byron Hamburgers Rounds up 35 Workers', *Guardian*, 27 July 2016.

(4) Alberto Toscano, 'Dirty deportation tactics at Soas', *Guardian*, 17 June 2009.

(5) これを Nicholas De Genova は「送還可能性という条件」と言い表している。Nicholas De Genova, 'Mi-

grant "Illegality" and Deportability in Everyday Life', *Annual Review of Anthropology* 31 (2002).

(6) 'Grunwick 40: Remembering the Grunwick Strike 40 Years On', at grunwick40.wordpress.com を参照。

(7) 〔ジェレミー・コービンが当時党首だった労働党の二〇一九年総選挙マニフェストが正式に署名される直前になされた〕レン・マクラスキーの〔反移民的〕介入を酷評する記事については〔元ユナイト組合員である〕Ewa Jasiewicz, 'I Am a Union Organiser. Len McCluskey's Migrant Clampdown Will Only Benefit Bosses', *Guardian*, 15 November 2019 を参照。

(8) Vernon M. Briggs, Jr., *Immigration and American Unionism* (Ithaca, NY: Cornell University Press, 2001).

(9) Mike Elk 'Undocumented Workers Find New Ally as Unions Act to Halt Deportations', *Guardian*, 22 March 2018.

(10) Josh Eidelson, 'Unions are training hotel workers to face down immigration raids' *Bloomberg Online*, 20 September 2017.

(11) AFL-CIO, 'Iced Out: How Immigration Enforcement Has Interfered With Workers Rights', ecommons.cornell.edu, 2009.

(12) Dan Berger, Mariame Kaba and David Stein. 'What Abolitionists Do', *Jacobin*, 24 August 2017, at jacobinmag.com.

(13) 'Interview: Bridget Anderson on Europe's "Violent Humanitarianism" in the Mediterranean', *Ceasefire*, at ceasefiremagazine.co.uk.

(14) 国際移住と実存的意味での移動という主題については、Ghassan Hage, 'A Not So Multi-Sited Ethnography of a Not So Imagined Community', *Anthropological Theory* 5: 4 (2005) を参照。

(15) Todd Miller, *Empire of Borders: The Expansion of the US Border Around the World* (London: Verso, 2019); Adrian Little and Nick Vaughan-Williams 'Stopping Boats, Saving Lives, Securing Subjects: Humanitarian Borders in Europe and Australia', *European Journal of International Relations* 23: 3 (2017).

（16） Achille Mbembe, ‘The Idea of a Borderless World’, *Africa Is a Country*, 2019, at africasacountry.com.

（17） Walia, *Undoing Border Imperialism*〔, p. x〕.

（18） William Walters ‘Acts of Demonstration: Mapping the Territory of (Non-)Citizenship’, in E. Isin and G. Neilson, eds, *Acts of Citizenship* (London: Zed, 2008).

（19） なにしろ〔マルクスとエンゲルスの書いた〕『共産主義者宣言』が私有財産の廃絶、ブルジョア的個人性の廃絶、家族の廃絶と並んで、国と国籍についてもその廃絶を要求しているのである。

第四章

（1）「非有罪記録」に基づいたオペレーション・ネクサスと送還については以下を参照。Luqmani Thompson & Partners, ‘Operation Nexus: briefing paper’, 2014 luqmanithompson.com; Frances Webber, ‘Deportation on Suspicion’, Institute for Race Relations, 20 June 2013, at irr.org.uk, and Melanie Griffiths, ‘Foreign, Criminal: A Doubly Damned Modern British Folk-Devil’, *Citizenship Studies* 21 (2017). ダレルや他のジャマイカに送還された人々のより詳しい物語については、Luke de Noronha, *Deporting Black Britons: Portraits of Deportation to Jamaica* (Manchester: Manchester University Press, 2020)を参照のこと。

（2） 移民の犯罪化については、Katja Aas and Mary Bosworth, eds, *The Borders of Punishment: Migration, Citizenship, and Social Exclusion* (Oxford: OUP, 2013); Juliet Stumpf, ‘The Crimmigration Crisis: Immigrants, Crime, and Sovereign Power’, *American University Law Review* 56: 2 (2006)を参照。

（3） Jenna Loyd, Matt Mitchelson and Andrew Burridge, eds, *Beyond Walls and Cages: Prisons, Borders, and Global Crisis* (Athens, GA: University of Georgia Press, 2012).

（4） Paul Gilroy, ‘The myth of black criminality’, in *Socialist Register* (London: Merlin Press, 1982), pp. 47–56.

（5） この法律は合衆国の一九九六年の不法移民改正及び移民責任法を忠実に反映したものである——遡及効〔制定日以前に効力が遡ること〕がなく、わずかにましな人権条項つきではあるが。

（6） Emma Kaufman, *Punish and Expel: Border Control, Nationalism, and the New Purpose of the Prison* (Oxford: OUP, 2015); Alpa Parmar, 'Policing Belonging: Race and Nation in the UK', in Mary Bosworth, Alpa Parmar and Yolanda Vazquez, eds, *Race, Criminal Justice and Migration Control: Enforcing the Boundaries of Belonging* (Oxford: OUP, 2018).

（7） Ruth Wilson Gilmore and Jenna Loyd, 'Race, Capitalist Crisis, and Abolitionist Organizing: An Interview with Ruth Wildon Gilmore', in Loyd, Mitchelson and Burridge, *Beyond Walls and Cages*〔, p. 43〕.

（8） 'Home Secretary: Backing the Bill on illegal immigration', conservatives.com, 8 December 202[illegible]. 〔リンク切れ〕

（9） Angela Davis, *Are Prisons Obsolete?* (New York: Seven Stories, 2003).

（10） Jackie Wang, *Carceral Capitalism* (Cambridge, MA: MIT Press, 2018).

（11） Gilmore and Loyd, 'Race, Capitalist Crisis, and Abolitionist Organizing'〔, p. 52〕.

（12） Luke de Noronha, *Deporting Black Britons: Portraits of Deportation to Jamaica* (Manchester: Manchester University Press, 2020).

第五章

（1） Anthony Loyd, 'Shamima Begum: the interview in full', *The Times*, 14 February 2019.

（2） Arun Kundnani, *The Muslims Are Coming! Islamophobia, Extremism, and the Domestic War on Terror* (London: Verso, 2014).

（3） Nisha Kapoor, *Deport, Deprive, Extradite: 21st Century State Extremism* (London: Verso, 2018).

（4） M. Longo, *The Politics of Borders: Sovereignty, Security, and the Citizen after 9/11* (Cambridge: CUP, 2017).

（5） Kapoor, *Deport, Deprive, Extradite*.

（6） たいていの場合、市民権が剝奪されるのは対象者が自国を離れているときであり、ビラル・アル・ベルジャウィやモハメド・サクルのように米国のドローンに殺されるまえに市民権を剥奪された者もいる。ファム・ミン事件では、ベトナム国家がそう認めていないにもかかわらず彼はいまだベトナム市民なのだと法廷は主張し、最終的には彼の身柄は米国に引き渡された。それと近い時期に、ヒラル・アル・ジェダが市民権剥奪に対する裁判でどうにか勝訴したが、この裁判において彼は、内務大臣が要請するようにイラクの市民権をたんに再申請すればいいということにはならない〔そうしたところでイラクの市民権が得られるわけではない〕と主張したのだった。しかしながらアル・ジェダ事件は、法のさらなる改正が必要であることの証拠とされ、二〇一四年移民法における市民権剥奪の権限拡張という結果をもたらし、シャミマ・ベグムの国籍喪失の遠因となった。

(7) *Aziz and Ors v Secretary of State for the Home Department*, EWCA Civ 1884 (8 August 2018).

(8) Nisha Kapoor and Kasia Narkowicz, 'Unmaking Citizens: Passport Removals, Pre-emptive Policing and the Reimagining of Colonial Governmentalities', *Ethnic and Racial Studies* 42: 16 (2019).

(9) Gareth Peirce, 'Was It Like This for the Irish?', *London Review of Books*, 10 April 2008.

(10) Kapoor, *Deport, Deprive, Extradite*.

(11) Home Office, *CONTEST: The United Kingdom's Strategy for Countering Terrorism* (London: Home Office, 2011).

(12) Home Office, *Prevent Strategy* (London: Home Office, 2011).

(13) 二〇一五年テロリズム対策及び安全保障法の第二六条。

(14) Home Office, *Prevent Strategy*.

(15) 警察はいわゆる「ギャング」が重大な暴力を扇動しているとして、かれらのソーシャル・メディアへの投稿やミュージック・ビデオが実際の暴力行為と直接に結びついている証拠を示さずともかれらを犯罪化しうる権限を追い求めてきた。このような〔証拠を提示せずに済む〕犯罪化を推し進める警察の取り組みにいくらかの着想を与えてきたのは、〔疑わしきは罰せずという近代司法の原則に抵触すると懸念されてきた」テロリズム関連の諸法律であった。

(16) Anthony Loyd, 'Shamima Begum: the interview in full', *The Times*, 14 February 2019.

(17) Bridget Anderson, '"Heads I Win. Tails You Lose." Migration and the Worker Citizen', *Current Legal Problems* 68: 1 (2015).

(18) Nandita Sharma, *Home Rule: National Sovereignty and the Separation of Natives and Migrants* (Durham, NC: Duke University Press, 2020).

(19) Mahmood Mamdani, *Neither Settler Nor Native: The Making and Unmaking of Permanent Minorities* (Cambridge, MA: Harvard University Press, 2020).

第六章

(1) Amelia Gentleman, *The Windrush Betrayal: Exposing the Hostile Environment* (London: Guardian/Faber, 2019).

(2) David Goodhart and Richard Norrie, 'The UK Border Audit: Is the UK Border Now Fit for Purpose? A Post-Windrush Review', *Policy Exchange*, 2018, at policyexchange.org.uk.

(3)「率先行動党(Taking the Initiative Party)」を参照(https://www.theinitiativeparty.org.uk)。

(4) James C. Scott, *Seeing Like a State: How Certain Schemes for Improving the Human Condition Have Failed* (New Haven, CT: Yale University Press, 1998).

(5) Jane Caplan and John Torpey, eds, *Documenting Individual Identity* (Oxford: Princeton University Press, 2018).

(6) John Torpey, *The Invention of the Passport: Surveillance, Citizenship and the State* (Cambridge: CUP, 2000). 〔ジョン・トーピー『パスポートの発明——監視・シティズンシップ・国家』藤川隆男監訳、法政大学出版局、二〇〇八年。〕

（7）Simone Browne, *Dark Matters: On the Surveillance of Blackness* (Durham, NC: Duke University Press, 2015); Keith Breckenbridge, *Biometric State: The Global Politics of Identification and Surveillance in South Africa, 1850 to the Present* (Cambridge: CUP, 2014); Chandak Sengoopta, *Imprint of the Raj: How Fingerprinting Was Born in Colonial India* (Basingstoke: Pan MacMillan, 2003).〔シモーヌ・ブラウン『ダーク・マターズ――監視による黒人差別の歴史とテクノロジー』野中香方子訳、明石書店、二〇二四年、キース・ブレッケンリッジ『生体認証国家――グローバルな監視政治と南アフリカの近現代』堀内隆行訳、岩波書店、二〇一七年、チャンダック・セングープタ『指紋は知っていた』平石律子訳、文藝春秋、二〇〇四年。〕

（8）Jon Agar, 'Modern Horrors: British Identity and Identity Cards', in Caplan and Torpey, *Documenting Individual Identity*.

（9）George Grylls, 'Digital "ID Cards" lead the Dominic Cummings data revolution', *The Times*, 2 September 2020.

（10）選挙法案、英国庶民院二〇二一―二二年会期。

（11）Statewatch, 'Data Protection, Immigration Enforcement and Fundamental Rights: What the EU's Regulations on Interoperability Mean for People with Irregular Status', *Center for European Policy Studies (CEPS) and European Migration Law* (Statewatch, 2019), p. 8.

（12）Privacy International, 'Home Office Biometrics (HOB) Programme Brief', August 2019.

（13）Statewatch, 'Data Protection, Immigration Enforcement and Fundamental Rights', p. 4.

（14）NIDS Facts (https://www.nidsfacts.com/home-page)を参照。

（15）たとえばオックスファムの次の報告を参照。Oxfam, 'The EU Trust Fund for Africa: Trapped Between Aid Policy and Migration Politics', Briefing Paper, January 2020.

（16）世界銀行ＩＤ４Ｄウェブサイト(https://id4d.worldbank.org)を参照。

（17）M. Latonero, 'Stop Surveillance Humanitarianism', *New York Times*, 11 July 2019.

(18) ‘(1977) The Combahee River Collective Statement’, at blackpast.org.

(19) Combahee River Collective, ‘The Combahee River Collective: A Black Feminist Statement’, *Capitalist Patriarchy and the Case for Socialist Feminism*, Zillah R. Eisenstein (ed.) (New York: Monthly Review Press, 1979), pp. 362–72.

(20) Stuart Hall, ‘New Ethnicities’, in J. Donald and A. Rattansi, eds, *Race, Culture and Difference* (London: Sage, 1992).

第七章

(1) Stephan Scheel, ‘Recuperation through Crisis Talk’, *South Atlantic Quarterly* 117: 2 (2018), pp. 267–89.

(2) roborder.eu を参照。

(3) Zach Campbell, ‘Swarms of Drones, Piloted by Artificial Intelligence, May Soon Patrol Europe’s Borders’, *Intercept*, 11 May 2019, at theintercept.com.

(4) Statewatch, ‘EU Pays for “Watch Towers” for Guarding the Georgia-Turkey Border’, 24 April 2017, at statewatch.org.

(5) Russell Brandom, ‘The US Border Patrol Is Trying to Build Face-Reading Drones’, *The Verge*, 6 April 2017, at theverge.com.

(6) 次を参照。‘Anduril: Our Work’, at anduril.com.

(7) European Commission, ‘Smart lie-detection system to tighten EU’s busy borders’, ec.europa.eu, 24 October 2018.

(8) Sebastsien Klovig Skelton, ‘UK Facial Recognition Project to Identify Hidden Faces’, *Computer Weekly*, 18 March 2020, at computerweekly.com.

(9) Louise Amoore, *The Politics of Possibility: Risk and Security Beyond Probability* (Durham, NC: Duke University

Press, 2013), p. 193.

(10) Annie Jacobsen, *First Platoon: A Story of Modern War in the Age of Identity Dominance* (Boston, MA: Dutton, 2021).

(11) Ken Klippenstein and Sara Sirota, 'The Taliban Have Seized US Military Biometrics Devices', *Intercept*, 17 August 2021, at theintercept.com.

(12) Privacy International, 'Biometrics Collection under the Pretext of Counter-Terrorism', 28 May 2021, at privacyinternational.org.

(13) Chris Jones, 'Automated Suspicion: The EU's New Travel Surveillance Initiatives', *Statewatch*, 2020, pdf available at statewatch.org.

(14) Felipe De La Hoz, 'DHS Plans to Start Collecting Eye Scans and DNA — With the Help of Defense Contractors', *Intercept*, 17 November 2020, at theintercept.com.

(15) 移民正義を掲げる団体であるミヘンテによる次の優れた報告書を参照。二つとも mijente.net でPDFにより読める。'Who's Behind ICE: The Tech and Data Companies Fuelling Deportation' (2018), 'The War Against Immigrants: Trump's Tech Tools Powered by Palantir' (2019).

(16) Todd Miller, 'More than a Wall: Corporate Profiteering and the Militarization of US Borders', *Transnational Institute*, September 2019, at tni.org.

(17) Amoore, *Politics of Possibility*.

(18) 二〇〇九年より、パランティア社はまず米軍と提携し、アフガニスタンとイラクで即席爆発装置の位置の予測を助けるためのソフトウェアを提供したが、しかしその後、二〇一二年には予測的な取り締まりの分野へと移行する。それが初めて試されたニューオーリンズでは、パランティア社の予測取り締まりシステムは、ニューオーリンズ市の停戦《シースファイア》という「犯罪予防のための」プログラムにあとで「招待」するために、「ソーシャルメディアなどの」個人とその交際関係にかんする大量のデータを収集して、将来的に暴力事件を引き起こす可能性の高い加害者とその犠牲者とを割り出した。次を参照。Sharon Weinberger, 'Techie Software Soldier Spy', *New York Magazine*, 28 September 2020.

(19) Petra Molnar and Lex Gill, 'Bots at the Gate: A Human Rights Analysis of Automated Decision-Making in Canada's Immigration and Refugee System', University of Toronto International Human Rights Program and the Citizen Lab, Munk School of Global Affairs, 2018. シティズンラボのウェブサイト(citizenlab.ca)でPDFにより読める。

(20) Louise Amoore, *Cloud Ethics: Algorithms and the Attributes of Ourselves and Others* (Durham, NC: Duke University Press, 2020).

(21) テンダイ・アキュームは新たなテクノロジーと国境管理と人種差別との関係を考察するなかで、類似の論点を立てている。たとえば、二〇二〇年一一月に国連人権高等弁務官事務所の第七五回会合に提出された彼女の論稿を参照。Tendayi Achiume, 'Report of the Current Special Rapporteur on Contemporary Forms of Racism, Racial Discrimination, Xenophobia and Related Intolerance', at citizen-lab.ca.

(22) *Jacobin*, 'Unionizing Google Workers: We Want Democracy at Work', 13 January 2021, at jacobinmag.com.

(23) Michel Foucault, *Security, Territory, Population: Lectures at the Collège de France, 1977–78* (Basingstoke: Palgrave Macmillan, 2007).〔ミシェル・フーコー『ミシェル・フーコー講義集成7 安全・領土・人口――コレージュ・ド・フランス講義1977―1978年度』高桑和巳訳、筑摩書房、二〇〇七年。〕

(24) Amoore, *Cloud Ethics*.

第八章

(1) Mariame Kaba, *We Do This 'Til We Free Us* (London: Haymarket, 2021), p. 2.

(2) Dan Berger, Mariame Kaba and David Stein. 'What Abolitionists Do', *Jacobin*, 24 August 2017, at jacobinmag.com.

(3) André Gorz, *Strategy for Labor: A Radical Proposal* (Boston, MA: Beacon, 1967), pp. 7–8.

(4) 同団体ウェブサイトの「展望《ビジョン》」(http://criticalresistance.org/mission-vision)を参照。

(5) Critical Resistance, 'Reformist Reforms vs. Abolitionist Steps to End IMPRISONMENT', available at, critical-resistance.org; and Mariame Kaba, 'Police "Reforms" You Should Always Oppose', *TruthOut*, 7 December 2014, truthout.org を参照。

(6) Dimitris Papadopoulos and Vassilis S. Tsianos, 'After Citizenship: Autonomy of Migration, Organisational Ontology and Mobile Commons', *Citizenship Studies* 17: 2 (2013), p. 184.

(7) Nicholas De Genova, 'Citizenship', in Deborah R. Vargas, Lawrence La Fountain-Stokes and Nancy Raquel Mirabal, eds, *Keywords for Latina/o Studies* (New York, NY: New York University Press, 2017).

(8) そう、ここで著者たちは、実はミルトン・フリードマンの主張を意図的に言い換えている。おっと口が滑った！〔ここで暗に言及されているのは、ナオミ・クラインが『ショック・ドクトリン——惨事便乗型資本主義の正体を暴く』(幾島幸子・村上由見子訳、岩波書店、二〇一一年、上巻・六〜七頁)で新自由主義による介入戦略を「ショック・ドクトリン」と命名する際に、同書序章で引用して改めて注目を浴びた、フリードマン『資本主義と自由』(第二版序文)の次の一節である。「ただ危機のみが——実際の危機であれ、そう受けとめられたものであれ——真の変革をもたらす。そのような危機が生じるときに取られる対策は、手近にどんな思想があるかによって決まってしまう。私たち〔知識人〕の基本的な役割はここにあると信じる。すなわち、いまある政策に代わるものを発展させることであり(to develop alternatives to existing policies)、政治的に不可能だったことが政治的に不可避となるまで、それらの対案を利用可能な策として生かしつづけることである」(訳は一部変更した)。〕

用語集

柏崎正憲

序章

【入管】⇩初出一頁

本書においてイミグレーションという語は、ほとんどの場合、越境的な移動・移住という行為ではなく、それを監視し、管理しようとする統治活動やその機関を指す。つまり日本の法律用語でいうところの「入国管理(当局)」である。しかし日本語では「ニュウカン(入管)」という略称が一般化しており、本訳書でも基本的には「入管」で通すことにした。

英国の入管体制は、第二次世界大戦後に構築されたものである。一九世紀までに築かれた世界最大の帝国が植民地独立の波により瓦解していくなかで、とくに旧植民地出身の移民を規制するために、一九六〇年代のコモンウェルス(英連邦)移民法および一九七一年移民法(入管法)を導入し、それが現在に至る段階的な入管厳格化の皮切りとなった。日本の現行の入管体制もまた、植民地帝国の解体後に設立された点は同じである。ただし日本では、敗戦と連合国占領により帝国解体が一挙に進むなか、政府が在日朝鮮人を早急に排除し、朝鮮半島からの人的移動の統制力を再確立しようと試みたため、一九四五年から一九五二年までの短い期間に、外国人登録令(最後の勅令)、外国人登録法、入国管理庁設置令、出入国管理令と、関連法制が相次いで導入されることとなった。

入管法の担当機関は、英国では、内務省に属するビザ・移民局(UKVI)、移民法執行局(IE)、および国境軍《ボーダーフォース》である。難民庇護もまた内務省の所管だが、別個の手続きにおいて制度運用されている。日本では、海上・沿岸国境を管理する海上保安庁を除けば、法務省の外局である出入国在留管理庁(二〇一九年三月末までは法務省出入国管理局)に入管行政上の権限が集中している。つまり入国許可や在留資格の付与も、収容や送還などの法執行も、さらには難民認定すら一機関の手に集中している。このことは部分的には、前述した入管体制成立の歴史的経緯の違いから説明がつくかもしれない。

【移民の法的地位】⇩五頁

移民のステイタス(法的地位)とは、本書の主要な対象である二一世紀の英国においては、期限付きの、または無期限の滞在許可(limited or indefinite leave to remain)を指す。日本の入管法(出入国管理及び難民認定法)でいえば「在留資格」に当たる。ただし戦後日本の在留資格制度は、米国移民法にいう「非移民ビザ」をモデルに設計された、指定された活動以外に携わらないことを条件とする在留許可である。適正なステイタスがないとは、つまり外国人が滞在許可や在留資格を付与されていないことを指す。そういう状態にある人を各国政府は「不法」「違法」と呼ぶが、しかしそれは当局が発行する有効な書類をもたないということでしかない。この点を考慮して「非正規(irregular)滞在者」や「無登録(undocumented)移民」といった呼称が使われている。

【聖域《サンクチュアリ》】⇩一四頁

サンクチュアリとは、入管や警察の摘発から無登録移民を守るために作られる安全領域。一九八〇年代の米国南西部で、教会が無登録移民を保護したことが始まりとされる。その後、サンクチュアリは宗教コミュニティを越えて広がり、現在では聖域都市を宣言する自治体が北米におよそ三〇〇あるとされる。本書第八章でもサンクチュアリは積極的に取り上げられる。

第一章

【ウィンドラッシュ・スキャンダル】⇩二三頁

ウィンドラッシュ・スキャンダルとは、第二次大戦後から一九七二年までにカリブ諸島から渡英した「ウィンドラッシュ世代」(その第一団を運んだ旅客船「ウィンドラッシュ号」にちなむ)の一部が、二〇〇〇年代以降、英国市民権があるはずなのに無登録移民と誤認され、送還の危険にさらされた一連の事件を指す。英国の一九四八年国籍法は、本土出身者と(独立前の)植民地出身者との地位を「連合王国および植民地市民」(CUKC)と一括りに規定した。これにより、コモンウェルス(英連邦)加盟国民のうち(加盟国の)独立前に出生した者が、英国では「植民地市民」の地位を認められた。しかし一九七一年移民法では「居住権」の制限が設けられ、原則として(同法施行前日の)一九七二年末までに英国本土に移住した者だけが「植民地市民」として扱われるようになった。その後、一九八一年国籍法でCUKCが廃止され、そのかわりに(同法施行前日の)一九八二年末までに英国本土に在留していた「植民地市民」は自動的に英国市民権を得た。そうした人々の一部が、二〇年以上も経ってから無登録と疑われたのである。

第二章

【入管報告センター(英国内務省)】⇩四五頁

英国内務省の入管報告センター(immigration reporting centres)は、当局の審査を自主的に受けようとする無登録移民にかんする申請や動静報告などを所管する。日本にはそのような専門機関はないが、入管は自分から申し出た無登録者に対して退去強制命令(送還の決定)よりペナルティの軽い「出国命令」を適用することで、無登録移民の自発的帰国を促そうとしている。

【就労ビザの雇用者への紐づけ】⇩五二頁

移民労働者の法的地位(正確ではないが一般にビザとも呼ばれる)が雇用者に紐づけられていることの問題がここで論じられている。日本でも同じ問題があるが、とりわけ「研修」や「技能実習」の資格で働くさまざまな業種の移民が、雇用者に在留資格を掌握されてきた。就労ではなく実地教育のための来日という名目で、研修生や技能実習生は特定の雇用者に縛りつけられ、労働者の権利の保障からも排除されてきた。二〇一〇年代には「留学生三〇万人計画」の建前のもとで、日本語教育業界が就労資格を目当てとする留学生を見境なく受け入れるようになった。それにともない、留学ビザで働く移民の在留資格の維持・更新可能性を日本語学校が握るという事態も生じている。二〇二四年の法改正により技能実習は「育成就労」に置き換えられることになったが(二〇二七年施行予定)、職場変更の制限は緩和されただけで撤廃されていない。搾取的な斡旋ネットワークについても、インフォーマルな業者の排除は強化されるが、日本の監理団体を含む登録業者による搾取は実質的に放置されている。

【全国付託メカニズム(英国)】⇩五三頁

英国の全国付託メカニズム(National Referral Mechanism)は、二〇一五年現代奴隷法の制定にともない警察、内務省の関連部局、移民法執行局、地方自治体、市民団体などをまたいで設立された、人身取引や奴隷的労働の被害者の救済を目的とする制度枠組み。人身取引等の被害者と疑われる「付託」の対象者は、審査が確定するまで最長四五日間、当局の保護を受ける。ただし対象者が無登録移民であった場合に、この制度が送還手続きからの保護を提供するわけではない。

【入管収容施設】⇩五五頁

英国の入管収容施設の公式名称は排除センター(removal centre)である。(二〇二二年までは収容センター)。一〇施設が置かれ、そのほとんどが一九八〇年代末から現在までに民営化されてきた(他に短期収容施設もある)。ジュネーヴに本部を置く国際ＮＧＯの Global Detention Project によれば、英国の入管収容体制は、一九九三年の最大収容能力二五〇人から急速に発展し、現在では四〇〇〇人以上と、欧州最大規模になっている。排除センターの処遇が刑務所のようであることが頻繁に指摘されており、被収容者だけでなく職員ですら排除センターを刑務所としばしば呼ぶことが報告されている。なお英国はＥＵ加盟国だった頃、入管収容の最長期間を一八か月とするEU指令を離脱していた。内務省の報告によれば、二〇〇〇年から二〇一五年までに三五人が入管収容中に死亡した。

日本には、二〇二二年末の時点で一七の入管収容施設があり、そのうち東日本管理センター(茨城県牛久市)と大村入管センター(長崎県)の二か所が収容専用の施設である。戦後の入管体制の基礎は、占領統治期、日本政府がGHQの容認や支援のもとで在日朝鮮人を朝鮮半島に追い出し、その帰還や難民流入を防止するために築かれた。当初、入管収容は送還の「船待ち」のための一時的措置とされたが、日本占領終了後、韓国への強制送還に李承晩《イ・スンマン》政権が反発すると、日本はそのまま送還対象者の収容を長期化させていった。バブル経済期をへて入管取り締まりの標的は新来移民へと移ったが、その後も長期収容や収容施設での暴力や人権侵害の問題は持続する。近年では二〇一〇年代後半に入管が収容・送還を強化、被収容者数のピークとなる二〇一八年には年間のべ五三万六〇七〇人(平均で一日に一四六九人)が収容された。二〇〇七年から二〇二二年までに一七人が収容中に死亡している(うち六人が自殺)。

第四章

【入管収容の免除または保釈】⇩八八頁

送還手続きに服する者に対する収容免除の手続きを、英国では「入管保釈」(immigration bail)と呼ぶ。これは日本の入管法でいう「仮放免」に相当する。仮放免者は、就労禁止や許可更新のための定期的な(大半の場合は一月ごとの)来庁などの条件を課され、ほぼすべての行政サービスから排除される。無権利状態を、難民認定や在留正規化を求める数千人の移民が強いられている。二〇二三年の改正入管法——二〇二一年に大反対を受けて提出を見送られた法案とほぼ同内容——により、仮放免の許可条件が大幅に狭められるかわりに、より厳しい監視と条件違反への刑事罰をともなう「監理措置」が導入された。

【送還と犯罪化】⇩八九頁
二〇一〇年代の移民増加(中東やアフリカでの戦争や経済的不安定化にともなう)に直面して、他の欧州諸国やEUと同様に、英国もまた渡航の規制や取り締まりを強化しており、二〇二四年四月には非正規入国者を「安全な第三国」ルワンダに「移送」するという物議を醸す法案を可決した。しかし本書では、そういう越境の取り締まりよりも、すでに国内にいる無登録移民を送還可能にするための「犯罪化」の動向に焦点が当てられている。なお、日本もまた一九九〇年代以降、同じような無登録移民の犯罪化や、それに準ずる行政的な罰則の強化を進めてきた。とくに一九九九年に導入された「不法在留罪」は、無登録の在留という事実のみをもって移民を刑法犯にしてしまうものである。加えて在留資格取消制度(二〇〇四年)、「偽装滞在者」なる新語とともに導入された新たな罰則(二〇一六年)、送還を拒否することの犯罪化(二〇二三年)、在留資格「永住」の取消事由の拡大(二〇二四年)などが挙げられる。

第五章

【「敵対的環境」政策】⇩一一一頁
英国の政策は一一一頁以下の通りだが、日本も似た政策をとっている。当初から(一九五一年の出入国管理令以来)、入管法六二条二項は公務員に入管法違反者の通報を義務づけている。
比較的近年では、二〇〇二年より警察と入管が主導で「不法滞在者五年半減計画」を推進した結果、無登録移民のインフォーマル部門での就労はきわめて難しくなった。さらには二〇〇九年の法改廃により、二〇一二年に外国人登録証が「在留カード」に置き換えられた。もともと外登証は在日朝鮮・韓国人の統制の道具として導入されたものだが、地方自治体で発行されていたため、一九九〇年代以降にはむしろ新来の無登録移民(入管に収容免除されている仮放免者を含む)が比較的容易に入手できる身分証として機能していた。その代わりに導入された「在留カード」は、入管が一元管理し、無登録移民には発行されない。これにより、無登録移民(仮放免者を含む)の社会的排除はさらに強化されることになった。

日本の読者のための解題

梁英聖

「国境《ノー・ボーダーズ》なんて無い！　国家《ノー・ネイションズ》なんて無い！　送還を止めろ！」。二〇一七年三月末、ロンドンのスタンステッド空港の滑走路に寝転んだ人々が叫ぶ。真夜中に強行される政府チャーター便の一斉送還を阻止するため、お互いの腕をパイプで結びつけてタイタン・エアウェイズのボーイング・ジェットを囲むなどの抗議行動をおこなった。逮捕者を出して一五名が起訴されたものの、およそ六〇名の搭乗者（とその親しい人々）の生を引き裂く死のフライトは無事阻止された（送還予定地はガーナとナイジェリア）。これにより送還への異議申し立てをおこない、その後も英国に滞在できている人々がいる（二〇二一年一月時点で少なくとも一一名）。この抵抗（と裁判など）が契機となって送還の不当性が社会問題化され（ウインドラッシュ事件（用語集）の衝撃も加わって）、航空大手が一斉送還から撤退するなどの成果に結びついたと、かれらの友人でもある本書著者の一人ブラッドリーは教えてくれた（関心のある方はYouTubeで*VICE*の動画“The Protesters Who Stopped a Deportation Flight - The Stansted 15”(2019/02/07)をご覧いただきたい）。もちろんこのような闘争は関与する者を危機に曝さずにはいない。この事件で活動家は起訴され、終身刑まで求刑された（テロリズム関連の罪で）。控訴院で勝訴して無罪となったものの、他の事件が同じとは限らない。

国境なんて無い。国家なんて無い。死を拒む生の叫びが、いま世界に満ちている。

1

本書はGracie Mae Bradley and Luke de Noronha, *Against Borders: The Case for Abolition*, Verso, 2022の全訳である。直訳すれば『国境に抗する——国境の廃絶を擁護するために』となるだろうか。

著者の一人、グレイシー・メイ・ブラッドリーはグラスゴー在住の作家、政策専門家、活動家である。関心があるのは「生を開花させるように生きるとはどういうことか」。草の根団体「子どもたちを標的にする国境に反対する会」(本書一三三頁)の創設メンバーの一人で、市民的自由を擁護するNGO「リバティ」の元理事でもある。『ガーディアン』、『インディペンデント』、『ヴァイス』など各紙で署名記事を執筆する他、短編小説や詩やエッセイを*After Grenfell: Violence, Resistance and Response*, (Pluto Press, 2019)などに寄稿。本書の幕間劇として挿入された二つのSFディストピア/ユートピア短編小説はブラッドリーの原作によるものである。本書の原著書刊行後に出版された、国境廃絶主義の研究者・活動家による論集*Border Abolition Now* (Pluto Press, 2024)のあとがきも担当した。

もう一人の著者ルーク・デ・ノローニャはユニバーシティ・カレッジ・ロンドン(UCL)の芸術・人文学部の准教授で、移動性の統治と人種化プロセスの関係を研究している。共著に*Empire's Endgame: Racism and the British State* (Pluto Press, 2021)がある。単著*Deporting Black Britons: Portraits of Deportation to Jamaica* (Manchester University Press, 2020)は若手研究者が書いた初の単著から毎年選考される英国社会学会のフィリップ・アブラム出版賞を受賞した(本書第二章、四章に登場する、ジャマイカに送還されたあのダレル氏たちの物語だ)。

著者たちは二人とも、英国で入管と闘う実践に関与してきた若手の活動家であり研究者である。「単なる改良ではなく革命の夢を維持しているラディカルな活動家たち」(一五頁)とつながり、かつ支えられてもいる著者たちの文章は、だからどこを読んでも具体的事例に満ちており、説明も平易かつ明快だ。それゆえここでは本書内容の細かい説明は避ける。短い本稿の目的はただ、日本の読者が本書だけからは摑み難いと思われる文脈や背景を中心に、若干の解説を試みることにある。

2

国境の廃絶を正面切って訴えた本書が書かれた背景には、じつは地中海や米墨国境をはじめとした世界各地で、(ノー・ボーダーから国境帝国主義批判まで呼称は様々だが)ここでわかりやすく国境闘争と呼んでよい実践や理論が台頭しつつある事実がある。日本ではあまり知られていないかもしれないので例を挙げると、(冒頭で紹介したような)入管の送還を妨害する直接闘争や、一斉送還から企業が撤退するよう要求するキャンペーンや、無登録者を入管や警察から匿う聖域運動(用語集)や、非市民にも権利にアクセスできるようにする医療・福祉運動(一三三頁)や、地中海で死に瀕する人々を船で救助するとともに救助を犯罪化する当局の妨害に抵抗する運動や、無登録者を含めて連帯するキャンプの運営などが含まれよう(欧州における豊富な実例は北川眞也『アンチ・ジオポリティクス』(青土社)を、また国境の産業化については川久保文紀『国境産業複合体』(青土社)を参照)。このような国境闘争の特徴は、欧米諸国の「受入れ社会」は移民・難民を歓迎してシティズンシップを認めよという、本書も批判する包摂的アプローチ(たとえばクリスチャン・ヨプケ『軽いシティズンシップ』(遠藤乾他訳、岩波書店)を参照)の限界を乗り越えようとするところにある。

右のような今日的な国境闘争は一九九〇年代から発展してきたと言われる。北川眞也によると「ヨーロッパで形成された指導者も綱領も確固たる組織もない運動体のノー・ボーダー・ネットワークは、過酷で移民が置かれる歴史的・社会的・政治的状況は違えども、ヨーロッパという新たな政治空間を構成する暴力的な境界化に挑戦するものだった。実際、ノー・ボーダー・ネットワークは、九〇年代後半、とりわけヨーロッパの共通移民政策を目指した一九九九年のタンペレ欧州理事会への反対行動を準備するなかで形成された。多種多様な運動が、国境をまたぎながら、直接のミーティングやウェブを通じて互いに連携を図ってきた」(北川前掲書、一二六頁)。

またジェンナ・ロイドによると米国ではこれら国境闘争は、一九世紀の奴隷制と闘う黒人解放運動の文脈を有しており、奴隷制廃絶運動に根を持つ監獄廃絶運動とも重なる。「今日の米国に拠点を置く廃絶主義運動は(ときに新廃絶主義とよばれるが)、政治的にも知的にも、黒人の自由を獲得する解放闘争の長い伝統に、さらには私人のあいだの暴力や国家暴力に対抗するとともに集団的な自己決定権を志向する黒人(フェミニズム)理論や組織化に、その根を有している」(Jenna Loyd, 2019, "Prison Abolitionist Perspectives on No Borders," in *Open Borders: In Defense of Free Movement*, The University of Georgia Press, 2019: 92)。また「北米では、No One Is Illegal という団体が、一方では国家を越えた移動を駆り立てている資本主義的で新植民地主義的な〔周辺部での〕土地剝奪に対する批判的な分析を発展させると同時に、他方ではカナダでの入植型植民地主義に挑む脱植民地的な政治をも発展させてきた。かれらの活動は移民正義、脱植民地化、反レイシズムのあいだの関係についての討論を、つまり〔入植型植民地的な〕国民国家の正当性を問いただすような議論をしている。また米国の文脈では、クィア正義と移民正義の運動とが結びつくうえでの「連携可能性」が理論化と運動構築にとっての活発な論点となってきた」(Loyd 2019: 94. なおカナダについては本書の序章原注1、第三章原注1の Walia 2013, 2021 を参照)。

このような文脈を踏まえてみれば、本書の位置付けは見えてこよう。本書は特にロンドン、ブリストル、グラスゴー、マンチェスターなどのような各地の都市で闘われてきた国境闘争の実践や知の積み重ねに触れてきた英国の著者たちが、ブラック・ライヴズ・マター(BLM)を支えている米国の廃絶主義の理論的枠組みを借りて、それを国境にまつわる諸問題に一貫して適用してみせた入門書かつマニフェストなのである。

BLMと国境闘争の関係については日本で知られているとは言い難いので、もう少し補足しておこう。まずBLM共同代表で創設者三人のうちの一人であったオパール・トメティ(=アヤ・トメティ)が、米国内で無登録だという口実で〔国外に〕強制送還されてしまう黒人の入管収容や送還と闘う団体BAJI(Black Alliance for Just Immigration)の代表幹事でもあったことは、先述のロイドが言う通り「偶然ではない」(Loyd 2019: 102)。本書でも強調されている通り、本来的に国境と監獄には「いかに重要な差異があるとしても、国家暴力が移動を管理し制限することに向けられている点ではどちらも同じ」(一一頁)だからだ。そういう意味でBLMは監獄廃絶運動であると同時に国境廃絶を内に含んだ運動だとも言えよう。またＢＬＭ以前にも、アンジェラ・デイヴィスの『監獄ビジネス』（原書二〇〇三年刊、岩波書店から上杉忍訳で二〇〇八年刊行）が批判する監獄《プリズン》のなかには刑務所のみならず移民収容施設も直接含まれていた。次のような国境批判はいまなお再読に値しよう。「〔麻薬やセックス・ワークと並んで、監獄廃絶にとって重要な〕非犯罪化のひとつの極めて緊急を要する明白な問題は、移民の権利擁護と関わっている。特に二〇〇一年九月一一日の攻撃以後、移民勾留センターだけでなく留置所や刑務所に収監される移民の数が増加している。しかし、必要書類を持たずにこの国に入国した人を罰する手続きを撤回すれば、この増加は食い止めることが出来る。必要書類を持たない移民の非犯罪化を求める運動は、産獄複合体に対する全般的闘争に大きく貢献し、人種差別主義や男性優位主義に挑戦していることを理解する必要がある。例えば、南の国から性的暴力を逃れてこの国に入った女性たちが、難民とは認められず収監されたとすれば、それは、日常的な社会関係の中で迫害されている人々を罰する一般的傾向をさらに強めることになる」（『監獄ビジネス』一一九頁）。ここには監獄廃絶主義がレイシズムだけでなくセクシズムや国境＝入管やグローバルな搾取構造にも抗する射程を含んだインターセクショナルな闘争であることが簡潔に示されている。

　本書は世界各地で台頭しつつある国境闘争を理論化した入門書であると同時に、日本の読者にとってはＢＬＭを支えている廃絶主義の実践的意義を理解するうえでも最良のガイドになるだろう。

3

本書を理解するうえで重要なので廃絶、非改良主義的改良、両者の関係について簡単に説明する。

廃絶とは何か。本書では廃絶には(否定的制度の)不在とともに(積極的に創出されるべきオルタナティブな社会関係の)存在が重要だと述べられている(一二頁、九七頁)。これは米国の一九世紀の奴隷制廃絶運動の活動家だったW・E・B・デュボイスの概念である廃絶民主主義に由来する。アンジェラ・デイヴィスによれば「廃絶民主主義とは、〔何かを〕解体する否定的なプロセスとしての廃絶だけでもなければ、あるいはそれが主要なものでさえもない。廃絶民主主義とは新たな諸制度を築いて、創造することである。〔中略〕デュボイスが指摘したのは、奴隷制によってつくられた抑圧的な諸条件を完全に廃絶するためには、新たな民主的な諸制度が創造される必要があったということだ。このような新たな諸制度の創造が行われなかったからこそ、黒人は〔南北戦争後のジム・クロウ体制など〕新たな奴隷制の形態に直面したわけである」(*Abolition Democracy*, Seven Stories Press, 2005: 69)。本書で「廃絶」という言葉が出てきたら、このような積極的にオルタナティブな社会関係を創出することに力点のある「廃絶民主主義」のことだと考えてほしい。本書が随所で社会変革における希望の決定的重要性を説いているのも、廃絶民主主義が優れて現実的なユートピア的実践だったことを考えれば理解できるはずだ(このような黒人解放闘争の偉大な伝統(BRT)が、今日の組織化から文化にまでいかに脈々と受け継がれているかは、たとえばコーネル・ウェスト『コーネル・ウェストが語るブラック・アメリカ』(秋元由紀訳、白水社)、アリシア・ガーザ『世界を動かす変革の力』(人権学習コレクティブ訳、明石書店)やバーバラ・ランズビー『ブラック・ライヴズ・マター運動誕生の歴史』(藤永康政訳、彩流社)などを参照)。

非改良主義的改良については一三頁と特に一七九頁に平易な説明がある。とはいえ、本書での非改良主義的改良は（改良の一種というよりは）右に説明した廃絶に至るワンステップである（そこに重心がある）ことを押さえておく必要があるだろう。というのも、本書が依拠する米国の監獄廃絶の文脈では、元々フランスのエコロジカル・マルクス主義者アンドレ・ゴルツが（福祉国家の存在を歴史的な前提として）彫琢した非改良主義的改良という概念が、（欧州的福祉国家ではない米国の監獄産業複合体の）廃絶民主主義の遂行という文脈で用いられているからだ。つまり西欧の福祉国家を前提したうえで（改良闘争になじむといえる）住宅福祉政策などをめぐって改良主義的改良か非改良主義的改良かが問題になっているのではなく、シンプルに（改良闘争になじまない）奴隷制や監獄のようなレイシズムのシステム廃絶が問題になっている。だからクリティカル・レジスタンス（CR）は非改良主義的改良を「システムの改善ではなく、システムをそれが存在しなくなる点にまで切り縮めていくこと」としている（一七九頁、強調引用者、以下同）。またCR作成のポスターのタイトルも「改良主義的改良vs収監廃止に向かう廃絶主義のステップ」と非改良主義的改良に相当する箇所が言い換えられている（第八章原注5にリンクあり。第八章第2節の国境廃絶をめぐるQ&Aはこのポスターを見ながら読むと一層わかりやすい）。もし読者が非改良主義的改良という概念で迷うようなことがあれば、ここで説明した廃絶民主主義の内容に立ち返れば理解できるはずだ。

本書はこうした欧州由来の非改良主義的改良という概念を米国の監獄廃絶主義が応用したやり方に学び、今度は英国の著者たちが欧州や英国各地での国境闘争の蓄積を踏まえて、国境（＝入管システム）廃絶のための首尾一貫した理論構築を試みた本でもあるのである。

4

右のような廃絶主義の立場による、様々な社会問題の一貫した分析を本書ではみることができる。そのうちレイシズムとセクシズムに関してはここで簡単に解説しておきたい。

本書は近年の研究成果を踏まえて(原注で紹介される移動性、国境＝境界《ボーダー》、統治性研究など)、国境をモノや制度やイデオロギーに還元することなく、人々がコモンとしての(つまり連帯する人々が共有する)権利や富にアクセスすることを拒否する介入や実践として捉える(凡例でまとめた国境の定義も参照)。大胆に言い直せば、本書での廃絶すべき国境とは、資本主義において人間の移動を統制(強制移動、監視、収監)する実践にほかならない。「資本主義とは、人やモノの不均等な移動性の管理と統制を追求するシステム」(八一頁)である。だから本書では国境(入管)は警察や監獄と一体である。

このような観点から本書ではレイシズムを、生物学的か文化的かを問わず、また内的レイシズムか外的レイシズムかを問わず、一貫して資本主義下での移動統制との関連で分析する(特に第一～三章)。国境は資本の自由移動を保障しつつ、労働者を「生活手段が相対的に欠乏している場所」(六六頁)に閉じ込める。ゆえに入管＝国境はグローバルな規模で人種をつくりだす。同時に国境内でも市民／非市民を分割し、後者を「送還可能」(第三章原注5)にすることでやはり人種をつくる。本書は「国境が人種資本主義を組織していく際に果たす役割」(六六頁)を考慮すべきことを訴えるのだ。

今日の入国管理体制はかつての植民地を有する帝国が現在の国民国家へと再編される過程で、しかも旧植民地出身者を排除することで成立したとする指摘(序章第3節など)は、まさしく日本の歴史的文脈にも当てはまる。指摘に留めるが、現在の入管体制が台湾や朝鮮植民地支配における帝国内部の内地／外地(植民地)間の外地人(植民地出身者)の移動統制に根を持つことだけでなく、戦後も戸籍と国籍を駆使してかつての支配を可能な限り在日朝鮮人に対しては継続させようとしたこと、さらには(朝鮮戦争に加担する過程で一九五二年に旧植民地出身者から日本国籍を剝奪したうえで)その後も差別禁止法制や他の統合政策をつくることなく入管法制を代用してきたことなどが挙げられる(梁英聖『レイシズムとは何か』ちくま新書、第四章、鄭栄桓『朝鮮独立への隘路』法政大学出版局)。

以上のように国境がつくりだす人種は全く同時に、直接ジェンダー化されてもいる。このことを特に分析した第二章「ジェンダー」からいくつか例を挙げよう。

たとえば国民国家は入管法が優遇する「家族生活」に限界を設定して、「親」「配偶者」「子ども」などといった法的カテゴリーをなるべく限定しようとする(第3節)。その理由を本書は、一方では国境のレイシズムが可能な限り非市民を排除すると同時に、他方で入管法内部では家族構成員の入国や滞在の権利を特権的に認めざるを得ないがゆえに、そのような「家族」として数え入れられる人物や生活(!)を可能な限り限定しようとする点に見出している。そこにおいて異性愛規範的な家族形態が入管によって再生産されるという指摘は極めて重要だろう。これは狭い意味での女性差別のみならず、異性愛規範から外れるセクシュアル・マイノリティへの様々な差別をもちろん含んだセクシズムが、入管＝国境によって再生産されるメカニズムの優れた説明でもある(さらには国境のセクシズムは、ダレル氏が四人の子の第一保育者であったにもかかわらず、それが国家にとって保護に値する「家族生活」には数え入れられなかったように、ケア労働や送還をジェンダー化することで男性の生をも切り縮めるものだ(第2節))。

同じことは入国や滞在のみならずセクシュアリティと生殖についても言える。「誰に、どれくらいの率で、子どもができるのか、そしていかなる種類の権利が付与されるのか」はレイシストの重大関心事となり、「移民女性の性と出産に関わる生活は入国管理の主要な標的とされる」(四五頁)という指摘は、国境とレイシズム／セクシズムの関連を見事に言い当てている。

さらに移民の家事労働者の置かれた状況の分析では、賃労働関係、家族関係、国境関係の三者の関係が明快に整理されている(第二章第4節)。まず家事労働者が虐待に遭いやすい理由を、公的な賃労働関係(価値を生む賃労働であるとともに労働法で保護される契約関係)が家族(賃労働とは区別された、価値を生まない無償の家事労働の領域)に持ち込まれることで前者の契約関係が骨抜きにされるためだとしている。そのうえで家事労働者が非市民である場合は、このような賃労働の従属と家族内の家父長制的な従属とが結合した従属形態を、市民／非市民を分割して後者を追放可能状態にする国境関係が強力に補完する(五一頁など)。ここでは賃労働と家族という二重の従属形態によるジェンダー化された労働者統治を、国境の権力がいかに強化するかが明確に把握されている。

以上のようにジェンダー化された国境に対する本書の対抗策は、入管法が優遇する「家族生活」の枠内で闘うよりは、それら法的カテゴリー(「親」「配偶者」など)を破ることができるように、非市民であろうと無条件に居住し権利にアクセスできる道を(国家の法律の枠の外で)模索すべきだというものである。本書の廃絶主義は「結婚に対する監視や調査や条件づけを減らすだけでなく、配偶者との関係に依存しないように個人の権利を拡張すること」(四二頁)をも求めるのだ。

ここには本書全体の廃絶民主主義の方向性がよく示されている。すなわち一方では国境(入管)の権力を一般的に削減させていく方向性（監視、調査、条件づけの削減）と、他方ではコモンズの権利へのアクセスを（それを許可／拒否しようとする国境を拒否することで）万人に開いていくように闘うという方向性とである。これが本稿第3節ですでに述べた否定的制度の廃止と、オルタナティブな社会関係の積極的創造（特に一二頁）であることはお分かりだろう。第二章に限らず廃絶民主主義の二つの契機は本書では一貫して繰り返されているが、とりわけ第八章第2節のQ＆Aや第三章第2節（七三頁以降）の労働組合による闘争戦略などによく表れている。

そのような廃絶民主主義の実践方策には、コモンズの権利へのアクセスを開くことと重なるかたちで、「家族を超える新たな親密性の形態」（一四頁）を創造することが志向されていることは強調する価値がある。先に引用した「配偶者との関係に依存」せずに個人の権利を拡大させる実践で志向されているのは、「人々が個人的生活や親密圏での生活を官僚的調査へと曝け出すことなく自由に移動し権利にアクセスできるようにすることであり、それをつうじていまのところ与えられている王座から婚姻関係をすっかり引き降ろすこと」（四二頁）だ。ここに国境廃絶は国家のレイシズムに抗するだけでなく、家族形態を超える反セクシズムの親密性の形態の創出とも一体であることが示されている。

本書ではさらりと「友人ビザのようなもの」が仮にあれば入管体制が崩壊することが指摘されているが、これはまったく正しい。「この仮定の話は、多様な親密性のかたちをよりいっそう広範に価値づけることによって何が得られるのかについて、重要なことを教えてくれる」（四九頁）と著者たちは言う。私たちはレイシズムとセクシズムに縛られた家族形態を超える親密性を創出することで、（裁判所や入管施設に行かなくとも）足元から国境を掘り崩すことができるかもしれないのである。

5

幾重にも魅力ある本書であるが、本稿筆者に疑問がないわけでもない。移民・難民の権利実現において一貫して否定的に扱われ、本書でその廃絶が求められるときのシティズンシップは、ほぼ公的な国家構成員資格(形式的な国家市民権)を指すと言ってよいだろう。しかしシティズンシップには形式的シティズンシップ(本書のテーマ)だけでなく、実質的シティズンシップ(市民社会における権利義務関係の内実)もある。前者はともかく、本書は後者についてまでもその廃絶を訴えるのか(ここにはエティエンヌ・バリバールの『人種・国民・階級』(本書第一章原注7)や『ヨーロッパ市民とは誰か』(松葉祥一、亀井大輔訳、平凡社)、またバリバールの議論を引き継ぐサンドロ・メッザードラ『逃走の権利』(北川眞也訳、人文書院)のような、反レイシズムの実質的シティズンシップ闘争で移民と連帯することで、形式的な国家市民権のレイシズムに抗する欧米的な実践や理論を捨て去ってもよいのか、という問いがあるだろう。詳細は梁前掲書第七章を参照)。

より厄介な問題は、本書が批判するシティズンシップ闘争が欧米諸国の市民社会で勝ち取った反レイシズム規範も、それが国家に制定させた公的な反レイシズム法制や政策も、日本にはそれらさえ存在しないということだ(梁前掲書第四章)。要するに二重国籍容認も非市民の地方参政権容認も差別禁止法・多文化主義政策もない日本社会で、欧米的な反レイシズムの限界を国境廃絶によって批判しようとする本書の議論を、どのようにして役立てたらよいのか。本書を前にこの難問を考えないわけにはいくまい(日本では議論の基本的枠組みが市民／移民ではなく日本人／外国人(＝日系日本国籍者／非日系非日本国籍者)である点とも深く関わる。詳細は梁前掲書第四章。日本の入管問題については、本書の共訳者柏崎による用語集と「日本の「入国管理」体制」(『季刊経済理論』第六〇巻第二号)を参照)。

以上の問いを考えるうえでも、そもそも二〇世紀的な反レイシズム規範、より根本的にはレイシズム概念じたいの刷新という困難な課題から目を逸らすわけにはいかない。イスラエルによるジェノサイドが日々最悪を更新し、さらには欧米諸国で反パレスチナの植民地主義を批判すると「反ユダヤ主義」とレッテル貼りされて排除される今日(二〇二四年一二月一〇日時点)では、欧州の反ファシズムや第三世界での反植民地主義や米国の公民権運動などが重なり合った第二次世界大戦後という「歴史的複合状況」(バリバール)においてようやく成立した人種差別禁止の反レイシズム規範だけでなく、レイシズム概念それじたいもまた危機に曝されていると言ってよいだろう(バリバール「レイシズムの構築」佐藤嘉幸訳、鵜飼哲他編著『レイシズム・スタディーズ序説』以文社所収、鵜飼哲「レイシズムの地政学」『思想』二〇二二年九月号)。欧米諸国の反レイシズム規範が抱えていたレイシズム(反パレスチナの植民地主義など)によって、二〇世紀的な反レイシズム規範もレイシズム概念も、少なくとも従来のような通用力は危ぶまれているはずだ。このまま反レイシズム規範は後退し、レイシズム概念さえ廃れて不用になるのか。もしも人類の平等を諦めないのならそれは避けねばなるまい。

右のような規範次元における反レイシズムの再生を、本書の国境廃絶は最初から視野に入れていない。問題は規範よりも廃絶の次元である。二〇世紀に反レイシズム闘争が規範の一定の成立や国家の法律・政策の制定を実現する一方で、国境、監獄、警察のようなレイシズムのシステム廃絶には至らなかったという積み残した人類の課題を、本書の国境廃絶論は根本からやり直すよう迫っている。そのような廃絶闘争の過程のなかで、反レイシズムという概念も、刷新と再生を余儀なくされることだろう。言い換えれば「レイシズムの構築」(バリバール)を可能にした歴史的条件それじたいが変容しつつあるいま、二〇世紀的な国民国家や欧米的な反レイシズム規範に頼るのではなく、一九世紀的な廃絶民主主義に学び、私たちはシステム廃絶の反レイシズムを新たに創出しなければならないのであろう。日本という多くの困難を抱えた地において、本書はこの普遍的課題に取り組むための大きな手がかりとなるはずだ。

日本で廃絶の反レイシズムを創出するには、東アジアは場所を移す権利(三七頁)が地球上で最も厳しく国境によって制限されている地域の一つであるという、厳しい歴史的現実を直視する必要がある。朝鮮戦争体制の継続は南北分断のみならず、安定した多国間安全保障体制さえ成立させなかったし(沖縄の米軍基地を中心とした日米・韓米などの二国間安保体制の総和)、中国や朝鮮民主主義人民共和国国内には独自の移動統制が存在する。日本でも、レイシズムとセクシズムの制度たる入管や戸籍の廃止のみならず、現代奴隷制たる外国人技能実習制度(就労育成制度)の廃止から、民意をふみにじって強行されている琉球弧での新基地建設をいかに阻止し廃絶に追い込んでいくかまで、じつに膨大な課題があることに気付かされる。

6

本書が提起する課題の巨大さ、膨大さ、困難さに日本の読者はたじろいでしまうかもしれない(それも含めて本書を紹介する意義があると本稿筆者は考えている)。しかし本書で強調されているように、ものごとは数世代のスパンで考えてよいし、考えるべきではなかろうか。現代日本社会の荒廃のせいで、特にいまの若い世代は恐ろしく短い時間的尺度でしか、ものごとを思考したり想像することが許されなくなっている――賃労働と就活で自由な時間と思考を奪われている学生をみよ。日本の読者がほとんど全くと言ってよいほど触れる機会を奪われている、いわば新たな思考の時間的尺度というべきものを、本書の廃絶論はおそらく提供してくれるに違いない。

そのような意味でも、幕間劇として挿入された二つの短いSFは単なるオマケではない。本書の廃絶民主主義に直接かかわるのだから。ユートピア的想像力を働かせてみるよう、本書は「読者を誘いたい」(と一五頁で書かれた箇所から数行をもう一度読んでほしい)。それら二つのSFは、人新世とも言われる時代の二一世紀最初の四半世紀に生きる私たちの社会関係の只中に現れている最も否定的な兆し(絶望)と、最も肯定的な兆し(希望)とを、「現世的な注意力」で凝視しつつ、それらが未来でいかに展開されるかを思考する想像力の産物である(一五、一九五頁)。

たとえば「未来のディストピア的世界を形成するうえでテクノロジーが中心的役割を果たすことを強調したかった」(一七六頁)という未来Iは第六、七章での分析とセットであろう。さらに次のような重要な補足もある。「稀少性が支配的になり、海面が上昇し、地下水が枯渇する一方で、豊かな資源を牛耳る人間や領土や社会階級はおのれを地球上の大多数から防衛するためのバリケードを築くことができるので、それなりに共同体主義的な暴力は、つまりレイシズムやネイティヴィズムや民族間暴力はこの世界においても確実に存在するだろう」(一七六頁)。これは現実にすでに起きているし、二〇五〇年までに気候難民が二億人を超えるとの世界銀行の予測(二〇二一年報告)が否定されないのなら、今後ますます酷くなる(ナオミ・クライン『これがすべてを変える』(幾島幸子、荒井雅子訳、岩波書店)の警告も参照)。国境のレイシズムが、気候変動という環境の変化に「適応《アダプト》」できない者を――二一世紀版の進化論的レイシズムのごとく――「死んで良い人間」として人種化する危険が迫っている。新たなレイシズムに人類はいかに立ち向かえるのか。国境を本当に廃れさせて不用にするにはどうしたらよいか。対をなすユートピア譚(未来Ⅱ)はこのような思考の産物である。ぜひ本編だけでもお読みいただきたい。

かといって問題は未来予想図を描くことでは断じて無い。本書は可能なるユートピアを思考する想像力を、入管闘争、国境をめぐる闘争でどのように私たちは取り戻すことができるか、と問いかける。変革に必要な想像力は一九世紀にはまだしも盛んに働かせることができていただろう。だが二〇世紀になるとソ連型社会主義や福祉国家あるいは被植民者の独立国家に、また世紀末から今世紀初頭には新自由主義のユートピアに簒奪されてしまっただけに、なおのこと二一世紀第2四半世紀以降を生きる私たちには必要だ。

新自由主義に盗まれたそのような変革的想像力を、またミルトン・フリードマンの「ショック・ドクトリン」(クライン)を、本書の著者たちは正反対の方向から取り戻そうとする。フリードマンは危機の時代に「取られる対策は、手近にどんな思想があるかによって決まってしまう」としたうえで、だからこそ知識人の役割は危機が到来する以前から「いまある政策に代わるものを発展させる」と同時に「政治的に不可能だったことが政治的に不可避となるまで、それらの対案を利用可能な策として生かしつづけること」にあると指摘したのだった（本書第八章原注8を参照）。新自由主義の立場から、しかし危機の時代における社会変革の核心を射抜いたこの言葉を、本書の著者たちはあえて直接引用することなく、次のようにひっくり返す。「歴史とは自由自在な拍子でくりひろげられるのであり、そして危機の時代にはものごとが速度を上げるものだ。そのようなときには、どのような下部構造が、どのような関係が、どのような別の常識のかたちが、困難な時代においても想像することと闘うことをやめなかった人々によって発展させられてきたのかが問題となる。したがって肝心なのは、いまの世代には不可能であることが後の世代には可能になるように、いま何ができるか、である」（一九四頁）。

私たちもまた時代が人新世の未曽有の危機に突入しつつあるなかで、廃絶主義的な思考という武器を、その時が来るときまでに生かしておくように務めよう。本書の翻訳はそのささやかな試みである。

付記：本稿および本書翻訳はＪＳＰＳ科研費２３Ｋ１２６１４の研究成果の一部である。

訳者あとがき

本書の原著書は二〇二二年に公刊されたが、訳者の梁英聖は以前から注目しており二〇二三年一〇月には社会思想史学会大会で同書について報告した。仕事で来場できなかったにもかかわらず、報告資料を読んだもう一人の訳者の柏崎正憲が共訳を提案、できるだけ早く翻訳しようということで意気投合したというのが出版の経緯である。

冒頭から第四章までの翻訳を梁が、第五章以降を柏崎が担当したが、もともと梁が全文のラフな下訳を作っていたので訳業は比較的早く進んだ。さらに両者は訳稿を相互チェックし、綿密な打ち合わせを重ねた。くわえて本書の意義を日本語の読者に伝えるために、梁が日本の読者のための解題を、柏崎が用語集を作成した。後者は、英国の入管政策について補足説明するだけでなく、日本の入管と何が違うか、または違わないかを比較することをも狙いとしている。ところで日本では、入管政策の厳格性、非人道性、レイシズムなどを批判するために英国など欧州「先進国」の移民政策が模範として掲げられがちだ。しかしその英国などで、人権保障や適正手続《デュー・プロセス》きを骨抜きにしながら、いわば国内の入管化がどれほど進んでいるのかは、本書を読めば痛感されるはずである。だとすれば、日本であれ英国であれ入管政策批判の指針——あるいは著者たちの言う「希望」(本書一五頁にいわれる意味での)

——は、広義の社会運動それ自体から引き出していくしかない——まさしく社会の入管化に抗する実践から。
　最後に、本訳書の成立のために不可欠のご支援をいただいた方々に、心からの感謝を表明したい。まずは著者グレイシー・メイ・ブラッドリーとルーク・デ・ノローニャに。お二人は、Eメールでの訳者のどんな質問にも気前よく答えてくれた。いつか直接会ってお話を聞ければと訳者たちは願っている。そして編集者の押川淳に。訳者二名が武蔵境で翻訳計画のプレゼンをしたのは今年二月初めのことだったが、押川さんは本書の価値を明敏に捉え、見事に出版計画を通してくださった。さらに梁英聖からは、本書訳業という魂を殺さずに生き延びる術を与えてくれた著者たちに改めて。国境や入管と闘うすべての人たちに。また「レイシズム・スタディーズ1」の二〇二四年度受講生一同はじめ、本書草稿を用いた授業やゼミで率直に応答してくださった東京外国語大学のすべての学生に、とりわけ鳥倉捺央さん、ヤクシェフ・ヴィクトルさんに。言語化しがたい特殊な災難をいつも分かち合ってくれる連れ合いに。柏崎正憲からは、この訳業が彼にとっては学術研究よりも入管反対運動に携わってきた経験の成果であることを確認しつつ、これまで共闘を受け入れたり、証言を提供してくれたりした無登録移民たちに。そして柏崎をこの運動に引き込んだ張本人である連れ合い、織田朝日と、両親の活動にときおり付き合わされつつもマイペースに健やかに育ってくれている娘とに。

二〇二四年一一月五日

訳者　梁 英 聖、柏崎正憲

グレイシー・メイ・ブラッドリー(Gracie Mae Bradley)
グラスゴー在住の作家，政策専門家，活動家.『ガーディアン』，『インディペンデント』，『ヴァイス』等に執筆．本書の幕間劇として挿入されたディストピア／ユートピア小説はブラッドリーの原作になる．

ルーク・デ・ノローニャ(Luke de Noronha)
ユニバーシティ・カレッジ・ロンドン芸術・人文学部准教授．研究領域は移動性の統治と人種化プロセスの関係．主な著作に *Deporting Black Britons: Portraits of Deportation to Jamaica* (Manchester University Press, 2020，英国社会学会フィリップ・アブラム出版賞)，*Empire's Endgame: Racism and the British State* (共著，Pluto Press, 2021)．

梁 英 聖
一橋大学大学院言語社会研究科博士後期課程修了，博士(学術)．東京外国語大学世界言語社会教育センター専任講師，専攻は社会学，社会思想，レイシズム．主な著作に『レイシズムとは何か』(ちくま新書，2020年)．

柏崎正憲
東京外国語大学大学院博士後期課程修了，博士(学術)．一橋大学大学院社会学研究科専任講師．専攻は社会思想史．主な著作に『ニコス・プーランザス　力の位相論――グローバル資本主義における国家の理論に向けて』(吉田書店，2015年)．

国境廃絶論――入管化する社会と希望の方法
グレイシー・メイ・ブラッドリー，ルーク・デ・ノローニャ

2025年1月21日　第1刷発行

訳　者　梁《りゃん》英《よん》聖《そん》　柏崎正憲《かしわざきまさのり》

発行者　坂本政謙

発行所　株式会社 岩波書店
〒101-8002 東京都千代田区一ツ橋 2-5-5
電話案内 03-5210-4000
https://www.iwanami.co.jp/

印刷・三秀舎　カバー・半七印刷　製本・牧製本

ISBN 978-4-00-022983-8　Printed in Japan

国境の思想
――ビッグデータ時代の主権・セキュリティ・市民
マシュー・ロンゴ
庄司克宏 監訳
A5判三〇六頁
定価五〇六〇円

日本移民日記
MOMENT JOON
四六判一九八頁
定価一八七〇円

隣人のあなた
――「移民社会」日本でいま起きていること
安田菜津紀
岩波ブックレット
定価 六三八円

ルポ 不法移民
アメリカ国境を越えた男たち
田中研之輔
岩波新書
定価 九〇二円

移民国家アメリカの歴史
貴堂嘉之
岩波新書
定価 九六八円

岩波書店刊

定価は消費税10%込です
2025年1月現在